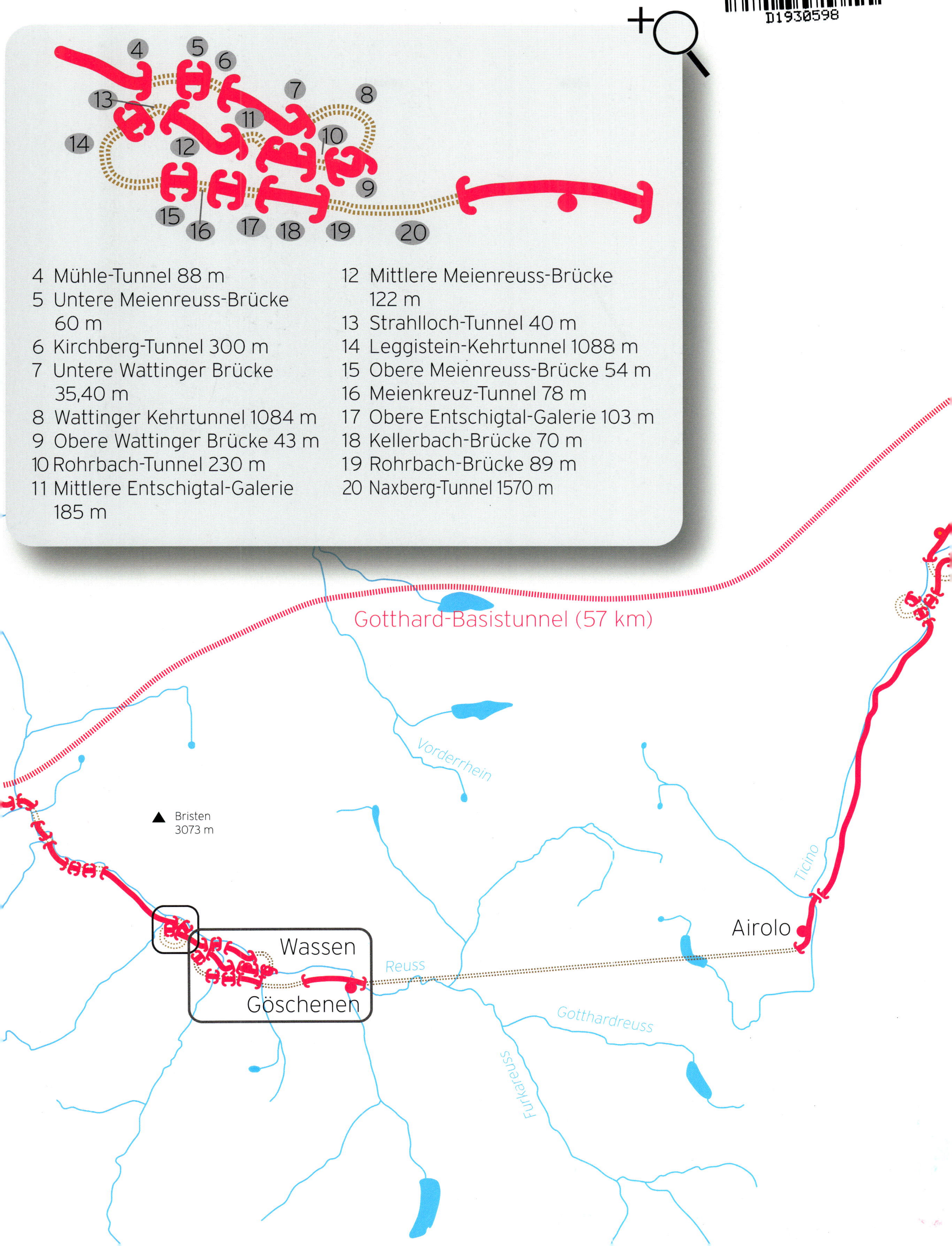
4 Mühle-Tunnel 88 m
5 Untere Meienreuss-Brücke 60 m
6 Kirchberg-Tunnel 300 m
7 Untere Wattinger Brücke 35,40 m
8 Wattinger Kehrtunnel 1084 m
9 Obere Wattinger Brücke 43 m
10 Rohrbach-Tunnel 230 m
11 Mittlere Entschigtal-Galerie 185 m
12 Mittlere Meienreuss-Brücke 122 m
13 Strahlloch-Tunnel 40 m
14 Leggistein-Kehrtunnel 1088 m
15 Obere Meienreuss-Brücke 54 m
16 Meienkreuz-Tunnel 78 m
17 Obere Entschigtal-Galerie 103 m
18 Kellerbach-Brücke 70 m
19 Rohrbach-Brücke 89 m
20 Naxberg-Tunnel 1570 m
Gotthard-Basistunnel (57 km)
Vorderrhein
Bristen
3073 m
Ticino
Airolo
Wassen
Reuss
Göschenen
Gotthardreuss
Furkareuss

KLAUS ECKERT

GOTTHARD

KÖNIGIN DER ALPENBAHNEN

VGB [VERLAGSGRUPPE BAHN] | KLARTEXT

SBB CFF FFS

Inhalt & Impressum

Seit dem Fahrplanwechsel im Dezember 2014 fahren Triebzüge vom Typ ETR 610 aus der zweiten Bauserie planmäßig am Gotthard. Die Schweizerischen Bundesbahnen (SBB) hatten 2012 acht Züge für den EC-Verkehr nach Milano Centrale bei Alstom bestellt: RABe 503 011 bis 018. Der ETR 610 setzt sich aus sieben Wagen zusammen, die insgesamt 430 Fahrgästen Platz bieten. Jeder Sitz ist mit einer Leselampe, Steckdose und verstellbarer Rückenlehne ausgestattet. Die neuen Züge erreichen eine Höchstgeschwindigkeit von 250 km/h. Alle Einheiten werden im italienischen Alstom-Werk in Savigliano gefertigt und verfügen wie die Exemplare der ersten Serie über eine Neigetechnik, welche es diesem Fahrzeugtyp erlaubt, sich in die Kurve zu legen und damit eine höhere Geschwindigkeit zu erreichen. Die SBB orderten im Februar 2015 nochmals vier Einheiten. Im Reusstal lassen sich die Züge an vielen Stellen mit der Windgälle im Hintergrund aufnehmen, so wie hier unweit des Mühle-Tunnels zwischen Gurtnellen und Wassen mit dem EC 17 (März 2015).

Impressum

Bibliographische Informationen der Deutschen Bibliothek: Die Deutsche Bibliothek verzeichnet diese Publikation in der Deutschen Nationalbibliographie; detaillierte bibliographische Daten sind im Internet über http://dnb.ddb.de abrufbar.
ISBN: 978-3-8375-1401-8

Autor: Klaus Eckert
Bildnachweis: alle Bilder von Klaus Eckert (falls nicht anders gekennzeichnet)
Titelseite: Ein Re 10/10-Gespann ist mit einem KV-Zug bei Silenen unterwegs.

Layoutentwurf: Maria Lobis
Satz und Layout: Klaus Eckert
Lektorat: Ilona Eckert
Karte Vor- und Nachsatz: Miriam Eckert
Reproduktion und Druck: Fotolito Varesco, Auer (Südtirol)

Mythos Gotthardbahn

Auch wenn im Dezember 2016 nach über 134 Jahren die einzigartige Strecke vom Kanton Uri ins Tessin schlagartig in einen Dornröschenschlaf gleitet, steht fest: Der Mythos dieser wohl spektakulärsten Alpenbahn wird immer gegenwärtig sein. Als die Bahn am 1. Juni 1882 nach hartem Ringen und großen Mühen ihren Betrieb aufnahm, wurde die alte Passstraße von heute auf morgen praktisch bedeutungslos. Wird der Gotthardbahn ein ähnliches Schicksal zuteil? Wohl nicht. Auf unzähligen Bildern und in Geschichten, die die Menschen immer wieder zu erzählen bereit sind, wenn das Gespräch auf das Schienenband durch die wilden Berge im Herzen der Schweiz kommt, ist die Gotthardbahn stets lebendig. Dieses großartige Werk, geschaffen mit relativ einfacher Technik, veränderte sich im Laufe der Jahrzehnte. Zunächst eingleisig trassiert, kam schon bald das zweite Streckengleis hinzu. Brücken, einst filigran und stählern errichtet, wichen nach und nach Kunstbauten aus Beton. Von diesen wurden erfreulicherweise viele mit Mauersteinen verkleidet, sodass sie sich bestens in die Landschaft einfügen. Zunächst mühten sich Dampfloks ab, doch in den frühen 1920er Jahren kam schon die Elektrifizierung. Man wollte rasch unabhängig werden von teurer Kohle aus dem Ausland. So folgte auf den dampfschnaubenden „Elefant" das surrende „Krokodil", dann die elegante Ae 6/6, später die bullige Re 6/6.

Was aber macht das Einzigartige dieser Alpenbahn aus? Es ist zum einen die Streckenführung, kühn und verwegen in schroffer Berglandschaft gelegen. Mächtige Brücken und vor allem die Kehrtunnels, die zur Überwindung der Höhenunterschiede nötig waren, begrenzen die Steigung auf 27 ‰. Zum anderen ist es die Landschaft selbst. Ruhig geht es durch die Voralpenregion, vorbei an malerischen Seen und lieblichen Städten. Erst bei Brunnen, wenn die Bahn je nach Richtung, entweder im Berg oder am Ufer des Urnersees geführt wird, erkennt man, dass es stramm Richtung Hochgebirge geht. In Erstfeld halten stündlich Schnellzüge. Sie enden in Locarno. Die IC- und EC-Züge von und nach Lugano oder Milano Centrale durcheilen Erstfeld ohne Halt. Güterzüge stoppen meist im Eisenbahnerdorf, das seine Bedeutung und Bekanntheit einzig der Gotthardbahn zu verdanken hat. So einiges ändert ▶

Von Luzern nach Milano Centrale verkehrte planmäßig ein lokbespannter IC, weil die vorgesehenen Neigezüge ETR 470 immer wieder dazu neigten, ihren Dienst nicht ordnungsgemäß versehen zu wollen. Oberhalb von Amsteg strebt die Re 4/4 II 11172 mit der aus FS-Wagen gebildeten Garnitur bergwärts (April 2012).

11172

sich hier, wenn der Basistunnel im Jahr 2016 seiner Bestimmung übergeben wird. Statt der Schiebeloks, die den schweren Frachtzügen über den Berg helfen, nehmen dann Rettungszüge den Platz ein und erfreulicherweise auch Zeugen der Geschichte. SBB-Historic will im traditionsreichen Schuppen einen Teil der bewahrenswerten Fahrzeuge hinterstellen und vermehrt am Berg zum Einsatz bringen. Gleich hinter Erstfeld geht es hurtig bergan. Die langen Wagenschlangen des Kombinierten Verkehrs (KV) nehmen nur langsam Fahrt auf. Im April zeigen sich die Obstbäume oft schon im Blütenschmuck. Kein Wunder, denn das Reusstal zählt zu den klassischen Föhnregionen der Alpen und Erstfeld liegt auf einer Höhe von gerade einmal 480 m ü. M. Nach dem ersten Unterwegsbahnhof, der wie alle Stationen unbesetzt ist, denn Züge halten hier nicht mehr, klettert die Strecke, eng an steile Hänge geschmiegt, rasch höher. Wer in Erstfeld ausgestiegen ist und weder per Rad noch per Pedes die ersten Kilometer des gut ausgeschilderten Gotthardwanderweges hinter sich bringen will, kann dies mit den regelmäßig verkehrenden Bussen tun. Sie halten oft in der Nähe gut zu erreichender Fotostellen.

Waren in den 1990er Jahren die lokbespannten Schnellzüge beliebte Fotomotive, auch wegen der sechsachsigen Loks, so gilt das Interesse der Gotthardbahnfreunde heute immer mehr den Güterzügen. Diese sind „bunt" unterwegs. Nicht im Sinne von gemischten Güterzügen, wie die Schweizer die dem Wagenladungsverkehr dienenden Frachtzüge gerne nennen, sondern als internationale Transitzüge des Kombinierten Verkehrs: Sattelauflieger und Container in allen Spielarten. Bunt ist es auch geworden, weil mit Umsetzung des Zugangs qualifizierter Bahnunternehmen auch andere Loks als die der SBB vor diesen Zügen arbeiten. So kam ab 2003 die Bern-Lötschberg-Simplon-Bahn (BLS) als erstes fremdes Unternehmen zum Gotthard. Sie kooperierte mit der Deutschen Güterbahn, die zwischenzeitlich ein großer Aktionär von BLS Cargo war. Mit der Baureihe 185 setzte die DB AG eine am Gotthard bislang nicht gesehene Maschine ein. Die BLS schickte ihre bauartähnlichen Maschinen ins Rennen. Bereits ▶

Seite 6/7: Bei Wassen, unweit der bekannten Kirche, geht der Blick weit hinunter ins Reusstal. Ein Schnellzug nach Locarno wird gleich in den 88 m langen Mühle-Tunnel einfahren. Ganz schwach ist in der Bildmitte schon ein Güterzug zu sehen, er wird gleich Gurtnellen erreichen. Rechts im Bild der Pfaffensprung-Stausee, er dient der Stromgewinnung. Der 30. Oktober 2013 war geprägt durch eine starke Bise, die immer wieder kalte Feuchtepakete und somit dunkle Wolken und Hochnebel ins Reusstal drückte.

Rechts: Spätherbst bei Wassen. Während viele Laubbäume schon kahl auf die ersten, schweren Schneeflocken zu warten scheinen, leuchten die Lärchen noch farbenfroh in der Sonne. Ein langer Zug, der mit Sattelaufliegern, Wechselpritschen und verschiedenen Containern beladen ist, befindet sich auf der Bergfahrt. Die beiden Zugloks haben eben die 122 m lange Mittlere Meienreuss-Brücke erreicht (November 1998).

DANZAS

11109
SBB CFF FFS
SBB CFF FFS
HOTEL KRO

SBB CFF FFS

kurze Zeit später spielte TX-Logistik am Gotthard mit. Das Aufkommen war zunächst bescheiden. Rail4Chem folgte mit dem Shuttle von und nach Brescia. Kurzum, es wurde immer bunter am Gotthard. Und so bleibt es auch, bis der Basistunnel die Züge auf einer Länge von 57 km verschlucken wird, sodass sie erst im Süden wieder ins Licht der Sonne rollen. Einst war der Scheiteltunnel mit einer Länge von 15.003 m der längste Eisenbahntunnel der Welt. Sein Nachfolger wird sich mit demselben Attribut schmücken können. Doch rechnet sich das Projekt wirklich? Eindeutig hat das Schweizer Stimmvolk die Politik in Referenden aufgefordert, den Transitverkehr von der Straße auf die Schiene zu verlagern. Ehrgeizige Parolen wurden ausgerufen. Doch auch 2015 ist man weit davon entfernt. Beschlossene Sache und sehr wichtig war es, den Vier-Meter-Korridor durchgehend von der Schweizer Grenze bis Italien zu bewilligen. Das kostet nochmals eine Stange Geld, wird aber von der verladenden Wirtschaft gefordert, da sehr viele Auflieger eine Eckhöhe von vier Metern aufweisen. Reisende von und nach Italien werden die kürzeren Fahrzeiten begrüßen. Ein Ausflug nach Locarno zu den Filmfestspielen wird für Leute aus Basel oder Zürich ein lockerer Tagestrip. Erst in einigen Jahren wird man beurteilen können, ob der Tunnel am Gotthard und der am Ceneri die hohen, in sie gesetzten Erwartungen erfüllen. Bis dahin fließt noch viel Wasser die Reuss und den Ticino hinab. Entscheidend wird auch sein, wie das heikle Thema rund um den Straßentunnel am Gotthard angegangen wird. Der Ruf nach einer zweiten Röhre wird immer lauter, auch wenn die Schweizer Bürger diese bislang ablehnten. Doch je länger sich im Sommer die Autos vor den Portalen stauen, desto deutlicher werden bestimmte Kreise dies thematisieren. Genießen wir einfach noch die letzten Monate und Wochen an der alten, einzigartigen Bergstrecke. Das Buch zeigt Aufnahmen von 1989 bis 2015, die eindrucksvoll die Veränderungen beim Rollmaterial zeigen. Die wunderbare Landschaft ist der passende Rahmen. ▼

Seite 10/11: 2006 wurde die Mittlere Meienreuss-Brücke umfassend saniert. Dabei verstärkte man die Widerlager und erneuerte den Brückentrog. Zudem wurden die seitlichen Laufstege verbreitert. Wechselweise war dabei ein Streckengleis gesperrt. Am 14. Juli 2012 führte die Re 4/4 II 11109 ihren Zug nach Locarno.

Rechts: Der Stahlzug von Emmenbrücke nach Lecco wird von der BLS traktioniert. Dabei kommen Loks der Serie Re 4/4 zum Einsatz, was ein schönes Zugbild ergibt. Die BLS beschaffte zwischen 1964 und 1983 insgesamt 33 Loks von diesem Typ. Sie leisten fast 5000 kW und tragen alle Namen von Gemeinden rund um die BLS-Linien. Die Aufnahme entstand unterhalb von Lavorgo.

Seite 14/15: Giornico ist nicht nur wegen der beiden Kirchen San Nicolao und San Michele (vorne) einen Besuch wert. Im November 1996 ergab sich die Möglichkeit, an Bord eines Helikopters ins Tessin zu reisen. So gelangen einige Luftbilder, die sehr schön die Streckenentwicklung von der Biaschina bis Giornico zeigen. Der talwärts fahrende KV-Zug war nur mäßig ausgelastet.

183

Anreise mit Seeblick

Schon die nördlichen Zulaufstrecken zur Gotthardbahn bieten viel fürs Auge

Links: Nur das talwärts führende Gleis verläuft zwischen Sisikon und Brunnen im Freien. Von der alten Axenstraße aus ergibt sich dieser schöne Blick auf den Urner See.

Unten: Die Re 4/4 III 350 unterscheidet sich optisch von ihren Geschwistern, denn sie hat den Kasten und Dachaufbau einer Re 4/4 II der ersten Serie und folglich einen Stromabnehmer. Dies liegt daran, dass das Fahrzeug aus der Serienlieferung der Re 4/4 II der SBB an die SOB (Südostbahn, hier Nummer 41) verkauft wurde. Dort änderte man wegen der enormen Steigungen von bis zu 50 ‰ zur Erhöhung der Zugkraft das Übersetzungsverhältnis. Später mieteten die SBB die Lok für den Gotthard an und lösten in der Folge die Bestellung von 20 eigenen Re 4/4 III aus. Nach einiger Zeit gingen drei von diesen Loks (11351 bis 11353) zur SOB (42 bis 44). Im Tausch gegen ihre vier Re 4/4 IV erhielten die SBB Mitte der 1990er Jahre sowohl ihre ehemaligen drei Re 4/4 III als auch die Nummer 41. Die Ex-SOB-Lok hieß fortan 11350. In Kürze wird der KV-Zug Arth-Goldau am Zuger See passieren.

Im Verzeichnis der schweizerischen Fahrplanfelder ist die 225 km lange Gotthardroute unter der Nummer 600 zu finden. Ihre Kilometrierung beginnt im Bahnhof von Luzern am Vierwaldstätter See und endet in Chiasso an der schweizerisch-italienischen Grenze. Doch eigentlich befindet sich der Kilometer 0 der Gotthardbahn in Immensee. Die Anreise via Luzern bietet schöne Ausblicke auf den See, dessen Name auf die umliegenden Waldstätten zurückgeht, die drei Kantone der Urschweiz: Uri, Schwyz und Unterwalden. Diese hatten sich 1291 im Rütli-Schwur zusammengetan, 1332 trat Luzern als vierter Kanton dem Bund der Eidgenossen bei. Das Verkehrshaus der Schweiz mit seiner sehenswerten Eisenbahn-Abteilung ist am besten vom Luzerner Kopfbahnhof aus zu erreichen: per Bahn, Bus oder Schiff.

Internationale Frachtenzüge gelangen über Olten, Rotkreuz und Immensee, wo auch die Luzerner Strecke einmündet, auf die Gotthardbahn. Danach geht es zum nächsten Knoten, der sich südlich des Zuger Sees, in Arth-Goldau, befindet. Hier enden zwei weitere Zubringer: die am Ostufer des Zuger Sees entlangführende Verbindungslinie ab Zürich sowie die Strecke der Schweizerischen Südostbahn (SOB), die von Rapperswil (Zürcher See) herabkommt und Reisende aus der St. Gallener Region Richtung Gotthard befördert. Von Arth-Goldau aus geht es via Schwyz, wo das Originalschriftstück aufbewahrt wird, welches den Bund von 1291 besiegelte, zum Urner See, einem südlichen Seitenarm des Vierwaldstätter Sees. Im weiteren Verlauf säumt die Strecke das Ostufer bis Flüelen, wo sich das Wasser der Reuss mit dem Urner See vereint. Die Züge folgen dem Lauf der Reuss aufwärts und rollen über Altdorf nach Erstfeld. Die Nordrampe der Gotthardbahn ist erreicht. ▼

Mitte links: Von Zürich kommt diese Re 6/6 mit einem Schnellzug Richtung Gotthard, aufgenommen kurz vor Arth-Goldau. Die Rigi hat sich noch nicht ganz vom Winterkleid getrennt, doch am Zuger See blüht es.

Mitte rechts: Märklin schmückte eine der vier Re 4/4 IV der SOB mit Motiven des legendären Baukastens. Mit dem Voralpen-Express ist die Lok, von Luzern kommend, auf der Fahrt in Richtung St. Gallen. Eine reizvolle Reise von der Zentral- in die Ostschweiz (Oktober 1996).

Unten links: Der EC „Gottardo" auf der Fahrt von Winterthur nach Milano Centrale. Das mausgraue Farbkleid stand den Zügen nicht wirklich gut. Eben wird Sisikon passiert (Oktober 1989).

Unten rechts: In Flüelen kann man vom Schiff in den Zug umsteigen. Dieser EC passiert den Bahnhof hingegen ohne Halt.

Rechte Seite oben: Mit einem Leerwagenzug hat eine ehemalige Swiss-Express-Lok vor wenigen Minuten Erstfeld verlassen.

Rechte Seite unten: Dort wird dieser EC aus Zürich in wenigen Minuten eintreffen.

Denkmal-Loks haben in Erstfeld eine lange Tradition. Einst stand im Depot-Eingangsbereich eine für den Gotthard gebaute C 5/6 „Elefant“. Anlässlich des Jubiläums „100 Jahre Gotthardbahn“ im Jahr 1982 sollte im Verkehrshaus Luzern eine C 5/6 gezeigt werden. Da die Denkmal-Lok gut aussah, fiel der Beschluss, die Maschine zu bewegen. Als Nachfolger kam die Ce 6/8 II 14270 nach Erstfeld, ein „Krokodil“. Doch auch diese Lok musste schließlich weichen, weil man in Erstfeld Platz für die Interventionsdienste des Basistunnels schaffen will. Man erwog, das Krokodil entweder bei der Maschinenfabrik Oerlikon aufzustellen oder, nach entsprechender Aufarbeitung durch SBB Historic, es erneut im Depot Erstfeld zu platzieren. Am 15. Januar 2012 wurde die Lok nach tagelanger Vorbereitung durch das Historic-Team Erstfeld unter Leitung von Ewald Berchtold mit Hilfe zweier Schienenkräne vom Sockel gehoben und anschließend im Schuppen hinterstellt.

Eisenbahnerdorf

Erstfeld ist ohne Eisenbahn nicht vorstellbar, doch 2016 ändert sich manches

Erstfeld ist ein Ort von besonderer Bedeutung für die Eisenbahn, die Schweiz und den internationalen Zugverkehr durch die Alpen. Der rund 3800 Einwohner zählende Ort liegt an der Nordrampe der legendären Gotthardbahn. Hier zu arbeiten, erfüllt die Männer, die im Depot Erstfeld Dienst tun, mit einem gewissen Stolz. Oft war schon der Großvater Eisenbahner. Ob die Söhne einst in dieselben Fußstapfen treten, ist fraglich. Sicher ist, dass 2016, sobald der Basistunnel in Betrieb geht, die Züge im Verborgenen, an Erstfeld vorbei, dahinrauschen werden. Noch herrscht rund um die Uhr geschäftiges Treiben. Was wird später aus den Bahnanlagen? Der historische Schuppen bleibt erhalten. Andere Gebäude sind bereits gewichen. Neubauten entstehen. Sie werden die Sicherheitstechnik für den Basistunnel beherbergen. Die Drehscheibe will man behalten, auch die einzigartigen Loks von SBB Historic, darunter das braune Krokodil, die Ae 8/14 und die Ae 6/6, um nur einige zu nennen. Aber ist Erstfeld dann noch ein Eisenbahnerdorf, geprägt vom Betrieb der Gotthardstrecke?

Es gilt, Momente festzuhalten. Den Alltag im Bahnhof. Ehe die 620 086 im farbenfrohen Design von SBB Cargo zum Einsatz muss, bleibt noch Zeit, den Führerstand der imposanten Maschine in Augenschein zu nehmen. Wie fühlt sich ein Lokführer, der mit diesem Kraftpaket die Gotthard-Rampe erklimmt? Ewald Berchtold kann diese Frage beantworten: „Es ist ein schönes Gefühl, wenn man mit einer Re 10/10 einen schweren Güterzug über den Berg fahren darf". Was meint er mit der Bezeichnung „Re 10/10"? Eine solche Lok, so wird der Fachmann hier zu Recht anmerken, ist in keiner offiziellen Liste aufgeführt, auch wenn sie theoretisch existieren könnte: als richtiges „Monster" in Gestalt einer Doppellok. Doch alltagstauglich wäre diese kaum. Was steckt nun hinter der Bezeichnung? Es sollen Erstfelder Lokführer gewesen sein, die damit anfingen, die Zusammenarbeit einer sechsachsigen Re 6/6 mit einer vierachsigen Re 4/4 II oder III als Re 10/10 zu bezeichnen. Oft bleibt ein solches Pärchen wochenlang zusammen, bis eine der Maschinen einer Untersuchung bedarf. Eine Re 10/10 kann am Berg bis zu 1400 Tonnen schleppen. Bei höherem Zuggewicht hilft eine Schiebelok mit.

Zurück zur Re 6/6. Ihr Führerstand zeigt sich aufgeräumt. Die großen Fenster erlauben einen Panoramablick auf die Strecke. Jetzt kann man Ewald Berchtolds „schönes Gefühl" gut nachvollziehen. Es gibt Arbeit. Ein Zug der Hupac benötigt Schiebehilfe. Bald darauf fährt die Re 6/6 vom Depot aus in das Gleisvorfeld. Und da zieht auch schon der aus Köln-Eifeltor kommende 42027, bespannt mit einer Re 10/10, vorüber und bleibt beim Ausfahrsignal stehen. Langsam rollt die Schiebelok an den Zug heran. Dieser ist „1552 Tonnen schwer und 533 m lang", verrät Ewald Berchtold. Ab 1400 Tonnen muss nachgeschoben werden. Rein rechnerisch könnten zwei Re 620 diesen Zug auch in Vielfachsteuerung schleppen, doch die Zughakenfestigkeit würde da nicht mitspielen. Eine Schiebelok darf 300 Tonnen drücken, was somit ein maximales Gesamtgewicht von 1700 Tonnen ergibt. Während Rangierer Josef Zgraggen die Schiebelok an den Zug kuppelt, rollt ein schwarzer TAURUS vom Berg kommend in den Bahnhof ein. Ob die wenig freundlichen Blicke der SBB-Eisenbahner dem Fremdling mit der düsteren Farbgebung oder eher dem Mitbewerber TX-Logistik gelten, der den betreffenden Zug über den Gotthard traktionierte, ist unklar. Eisenbahnfans jedenfalls freuen sich über die Buntheit im Güterverkehr. In wenigen Minuten wird der 42027 seine Reise über den Berg antreten. Ziel ist das HUPAC-Terminal in Gallarate vor den Toren Mailands. Fahrdienstleiter Bruno Eller hat die Fahrstraße freigegeben. ▼

Oben links: Impressionen aus Erstfeld. Der klassische Lokschuppen fiel beinahe einem Brand zum Opfer. Er ist nach der Feuersbrunst saniert worden und soll Heimstätte für historische SBB-Loks bleiben. Im Mai 1990 sonnten sich zwei legendäre Sechsachser vor der Halle: eine Ae 6/6 und Re 6/6.

Oben rechts: Ewald Berchtold auf dem Führerstand der 620 086; so lautet die aktuelle Bezeichnung für die im Cargo-Design fahrenden Re 6/6.

Mitte links: Rangierer Josef Zgraggen hat die Re 620 an den Zug gekuppelt. Sie wird diesen bis Göschenen nachschieben.

Mitte rechts: Die Leistungen von TX-Logistik werden seit 2014 durch BLS Cargo durchgeführt, sodass die schwarzen TAURUS-Maschinen nicht mehr am Gotthard zu sehen sind. TX-Logistik war zunächst mit einem dreimal wöchentlich verkehrenden Zugpaar seit 2004 am Gotthard unterwegs. Die Leistungen wurden ständig ausgebaut.

Unten links: Am 15. Januar 2012 wurde das Denkmal-Krokodil von seinem Sockel gehoben. Eine spannende und akribisch vorbereitete Aktion, die bei frostigen Temperaturen über die Bühne ging.

Unten rechts: Fahrdienstleiter Bruno Eller bei der Arbeit im Bahnhof Erstfeld.

samskip
samskip
Intermodal

Im Tal der Reuss

Zwischen Erstfeld und Gurtnellen überquert die Bahn tiefe Schluchten

Im 13 km langen Abschnitt Erstfeld – Gurtnellen geht es erstmals zur Sache. Die Gotthardbahn klettert mit einer maximalen Steigung von 27 ‰ bis Gurtnellen (738 m ü. M.) hinauf und überwindet dabei 256 Höhenmeter. Zwar muten die ersten fünf Kilometer noch recht unspektakulär an, doch die im Süden sich auftürmenden Bergriesen lassen schon ahnen, dass es nicht so bleiben wird. Nach Erreichen des Bahnhofs Amsteg-Silenen verändert sich die Landschaft. Das Tal der Reuss wird enger, unwegsamer. Nun tritt auch der Gebirgsbahncharakter der Strecke deutlich hervor, erkennbar an den zahlreichen Tunnels und markanten Brücken, die fortan befahren werden. Zu den imposantesten Kunstbauten dieser Etappe zählt die 127 m lange Kerstelenbach-Brücke in Amsteg. In 53 m Höhe quert sie die Durchfahrtsstraße des Ortes und den Kerstelenbach, der vom Maderanertal herab in die Reuss fließt. Die Brücke wurde mehrmals einer Renovierung unterzogen. In den 1970er Jahren ersetzte man im Zuge einer aufwendigen Sanierung das Eisenfachwerk durch einen Stahlverbundbau, bei dem die Fahrbahn in einen Schottertrog aus Stahlbeton gebettet ist. Die beiden Mauergewölbe, die sich an beiden Talseiten an die Balkenkonstruktion anschließen, blieben erhalten. Amsteg liegt am Fuße des 3073 m hohen Bristen. Aufgrund seiner Pyramidenform unverkennbar, zeigt sich das mächtige Gebirgsmassiv bereits ab Erstfeld den südwärts blickenden Reisenden und Bahnfotografen. Es zählt zu den Wahrzeichen der Gotthardbahn, und Fotografen nehmen es nahe der Ortschaft Silenen neben nordwärts fahrenden Zügen gerne als Hintergrundmotiv mit aufs Bild.

Bei der weiteren Bergfahrt passieren die Gotthardzüge, nachdem sie die Kerstelenbach-Brücke und Amsteg hinter sich gelassen haben, mehrere Tunnels, darunter den 709 m langen Bristen-Tunnel. Kurz darauf folgt eines der berühmtesten Bauwerke der Gotthardbahn, die 121 m lange Intschireuss-Brücke nebst der ehemaligen Station Intschi. Auch diese Brücke musste ihr ursprüngliches Fachwerk gegen eine Verbund-Konstruktion aus Stahl und Beton eintauschen. Mit einer Höhe von 77 m ist sie die höchste Brücke der SBB. Die Gotthardbahntrasse hat nun die Reuss überquert und strebt nun am rechten Hang bergwärts, lediglich ein paar kurze Tunnels verdecken immer wieder die Sicht auf das Flusstal. Wenig später rollt der Zug über die 48 m lange Intschialpbach-Bogenbrücke, einen mit Mauerwerk verkleideten Betonbau. Dann dröhnen Lok und Wagen über die 90 m lange Zgraggental-Brücke, ebenfalls eine Balkenkonstruktion. Welch schaurig tiefe Gräben sich oftmals unter den Gotthard-Kunstbauten auftun, erkennen eigentlich nur Wanderer, die zu Fuß entlang der Strecke unterwegs sind. Die Fahrgäste im Zug genießen derweil das Gebirgspanorama. Im Juni 2007 konnte anlässlich des 125-jährigen Jubiläums der Gotthardbahn ein Bahnwanderweg zwischen Erstfeld und Biasca eröffnet werden. Es lohnt sich, diesen zu begehen, bietet er doch schöne Ausblicke auf die Kunstbauten und dank zahlreicher Schautafeln auch viele Informationen zur Geschichte und Technik der Gotthardbahn sowie Natur und Kultur entlang der Rampenstrecken. Die zahlreichen Autobus-Haltestellen machen es möglich, die Wanderung jederzeit zu unterbrechen oder sich bequem zum Ausgangsort zurückbringen zu lassen.

Witterungseinflüsse haben der Gotthardbahn und den Anliegergemeinden immer wieder zugesetzt. Als Gegenmaßnahme entstanden an den Bergflanken zahlreiche Schutzbauten, die vor Schneelawinen und Steinschlag schützen. So präsentiert sich auch der Geissberg oberhalb von Gurtnellen vollgespickt mit Lawinenverbauungen. ▼

Von 1974 bis 1975 wurde die Intschireuss-Brücke als einziges Bauwerk der Nordrampe vollkommen erneuert. Sie besteht aus zwei Hohlkästen aus Beton, die auf zwei Pfeilern ruhen. Das Besondere: Sie kann auch von Fußgängern genützt werden, findet sich doch im Träger ein durch Gitterroste gesicherter Steg. Der Tiefblick ist schon beeindruckend. Sehr schön zu sehen ist, wie sich die Reuss ihren Weg duch die Felsen geschaffen hat. Mit einer Höhe von 77 m ist das Bauwerk auch die höchste Brücke im Netz der SBB. Ein Zug des Kombinierten Verkehrs (KV) ist auf der Bergfahrt (10. Februar 2015).

Unten: Drei Lokomotiven vor einem Zug sind am Gotthard planmäßig, sofern es sich um drei Re 4/4 II oder III handelt. Die hier an der Spitze fahrende Maschine wird nach Bellinzona überstellt. Im Laufe der Jahre haben die SBB an ihren Maschinen Veränderungen vorgenommen. So baute man beispielsweise Klimaanlagen ein. Im Zuge eines weiteren Programms werden 30 Re 420, so die neue Bezeichnung der Re 4/4 II, für die Modernisierung der Zürcher S-Bahn im Industriewerk Bellinzona ertüchtigt. Pro Jahr sollen bis 2016 sechs Fahrzeuge umgebaut werden. Dies geschieht gleichzeitig mit der Hauptuntersuchung. Die Arbeiten reichen vom Einbau eines Kundeninformationssystems und einer Videoüberwachung bis hin zum Ersatz der Frontbeleuchtung durch LED. Zudem erhalten alle Loks eine Lackierung im neuen, gelungenen Design.

Rechte Seite oben und unten: Bis zu sechs mal die Woche verkehrt ein mit Papier beladener Ganzzug von Dortmund Scharnhorst via Gotthard nach Modena. In der Regel kommt der Zug mit einer 189 oder 185 bis Erstfeld. Dort wird dann ein Tandem gebildet und eine Schiebelok beigegeben. In noch sehr langsamer Fahrt rollte am 25. Juli 2013 der schwere 47083 kurz hinter Erstfeld bergwärts.

Auf einen interessanten Lebenslauf kann die 185 549 zurückblicken. Im Mai 2005 in Dienst gestellt, fuhr sie zunächst für rail4chem. Seit 2010 ist sie mit Unterbrechungen bei Captrain. Sie entspricht vom Typ her der F 140 AC 1 und ist somit für Deutschland und die Schweiz zugelassen.

Mitte: Sehr langsam nimmt ein langer Getreidezug wieder Fahrt auf. Im Bahnhof Erstfeld kam noch eine Schiebelok an das Zugende. Sie wird die Re 10/10 bis Göschenen unterstützen.

Unten links: Bis 1992 durften die schweren Frachtenzüge am Gotthard nicht nachgeschoben werden. So war ein aufwendiger Zwischenlokdienst angesagt. Im Mai 1990 fand sich daher eine Ae 6/6 „eingewickelt" im Zug, den die Re 6/6 11671 schleppte.

Unten rechts: Mit dem leichten Schnellzug nach Chiasso hat die Vorserienlok Re 6/6 11604 wenig Mühe, kann sie doch am Gotthard bis zu 800 t verkraften.

Rechte Seite oben: Ein Zug der Rollenden Landstraße, der nach Lugano Vedeggio fährt. Dieses Angebot gibt es auch heute am Gotthard, allerdings zu nächtlicher Stunde.

Unten: Der 3073 m hohe Bristen trägt im April 2013 noch ein winterliches Kleid, während im Tal schon die ersten Blüten sprießen. Ein KV-Zug wird in Kürze Erstfeld erreichen, wo oftmals ein Lokführer-Wechsel stattfindet. Denn nur Führer mit einer entsprechenden Ausbildung fahren am Berg.

HUPAC
HUPAC

cargo

Links: Am Gotthard tummeln sich inzwischen verschiedene Eisenbahnverkehrs-Unternehmen (EVU). So sind die Containerzüge von Crossrail täglich anzutreffen. Zwei Mehrsystemloks der Reihe 186 bremsen ihre lange Wagenschlange kurz vor Erstfeld ab.

Mitte: Im grünen Werbekleid für den bekannten Großverteiler Migros zeigt sich die 460 080 seit November 2014.

Unten: Im Jahr 2000 wurden die Lokomotiven streng den einzelnen Geschäftsbereichen zugeordnet. Seither ist die Serie 460 vor den Güterzügen verschwunden. In den 1990er Jahren wurden die 6100 kW starken (Dauerleistung) Maschinen für die KV-Züge beschafft. Sie kamen sogleich in Mehrfachtraktion am Gotthard zum Einsatz. Für diesen talwärts rollenden Containerzug reichte allerdings eine Lok aus (Juni 1996).

Rechte Seite: Von einem Überweg zwischen Erstfeld und Silenen aus lassen sich am frühen Morgen die talwärts fahrenden Züge mit dem Bristen aufnehmen. Der 10. Februar 2015 zeigte sich mit einer geschlossenen Schneedecke bei Silenen, als ein nordwärts fahrender Ganzzug mit fünf Loks an der Spitze fotografiert werden konnte. Mit dabei: die Vorserien-Lok Re 6/6 11601, gut zu erkennen am geteilten Lokkasten.
Mitte: Viele Exemplare der Serie 460 dienen als Kunst- und Werbeloks. Das gefällt vielen, irritiert aber diejenigen, in deren Augen eine Lok einfach nur rot zu sein hat. Über Geschmack lässt sich trefflich streiten.
Unten: Die Neigezüge (ICN) haben die lokbespannten Züge auf den Relationen Basel/Zürich – Lugano ersetzt. Dank der neuen Technik konnten die Reisegeschwindigkeiten erhöht werden. Zudem lassen sich zwei Einheiten für verkehrsstarke Zeiten in Vielfachsteuerung fahren. Die ersten Züge wurden 1999 in Dienst gestellt. Seit 2013 werden sie nun erstmals revidiert, wie die Schweizer eine Hauptuntersuchung nennen. Dabei wird der Zug innen wie außen aufgehübscht. Die bereits überholten Garnituren erkennt man am neuen Farbschema und am Schweizer Kreuz, das nun vorne montiert worden ist. Ohne Halt wird gleich Erstfeld passiert.

CFF

Unten: Die Deutsche Güterbahn (DB Schenker Rail AG) war ab 2002 mit 45 % an der BLS Cargo beteiligt. Die enge Kooperation und die gemeinsamen Verkehre reduzierten sich vor allem via Gotthard nun enorm. Seit 2014 arbeitet als neuer Partner die SBB Cargo mit den Deutschen zusammen. Folgerichtig übernahm die BLS Cargo Ende 2014 ihre Aktienanteile wieder von der DB Schenker Rail AG. Die roten DB-185 kommen aber weiterhin zum Einsatz, nun für SBB Cargo. Eine am Gotthard verbliebene BLS-Leistung ist der Stahlzug von Emmenbrücke nach Lecco/Italien. Neben Brammen werden auch Drahtrollen in den vierachsigen Eanos transportiert. Wegen Bauarbeiten verkehrt der Zug auf dem falschen Gleis. Dank Gleiswechselbetrieb ist dies auf der gesamten Strecke möglich. Nochmals grüßt Erstfeld im Hintergrund (April 2012).

Rechte Seite oben und unten: Heute sind am Gotthard sehr viele KV-Züge zu sehen. Lediglich einige wenige gemischte Frachtenzüge rollen von Basel, meist aus Deutschland kommend, oder dem Rangierbahnhof Zürich Limmattal in Richtung Süden. Ganzzüge sind ebenfalls in beiden Richtungen unterwegs. Sie sind oft aus vierachsigen Schiebewand- oder Kesselwagen gebildet.

Im Laufe der Jahre hat sich das Erscheinungsbild der Re 6/6 verändert. Anfangs zeigten sie sich im grünen Lack mit verchromten Ziffern und einem seitlich angebrachten Stadtwappen. Das Schweizer Kreuz auf der Frontpartie, geradezu ein Markenzeichen, verlieh den Loks ein charakteristisches Aussehen. Ab 1983 veränderten Rechteckscheinwerfer die Stirnfront, die zudem mit einer UIC-Steckdose ausgestattet wurde, welche unterhalb des runden dritten Spitzenlichts ihren Platz fand. Damit der Lokführer diese Steckdose erreichen konnte, kamen Tritte und Haltegeländer hinzu. Im Rahmen dieser Veränderungen ließ man der Lok eine Neulackierung angedeihen, in Rot. Das neue Nummernschema der SBB machte aus der Re 6/6 die Re 620. Mit einher ging wiederum die Schaffung eines neuen Farbkleids. Ein solches erhielt am 25. Juni 2002 als erste Re 6/6 die 620 042. Das Schweizer Kreuz und die seitlichen Stadtwappen blieben erhalten.

Rechts: Bei Amsteg-Silenen rollt ein Zug im feinen herbstlichen Licht talwärts.

Oben: Die Re 6/6 11604 ist eine der vier Vorserienloks. Während die ersten beiden einen geteilten Lokkasten erhielten, kam bei den beiden anderen Maschinen dann die später in Serie verwendete Form zum Tragen. Gleich wird Erstfeld erreicht sein (Oktober 1989).

Mitte: Die Fußball-EM fand 2008 in der Schweiz und Österreich statt. Während die ÖBB eine ganze Flotte bunter Länderbotschafterloks präsentierten, zeigten sich bei den SBB nur die 460 015, 044 und 065, hier im Bild, im Zeichen des Ballsports.

Unten: Als Ersatz für die störungsanfälligen ETR 470 wurde der EC 15 als lokbespannter Zug mit einer 484 geführt. Die mehrsystemfähige Lok fuhr bis nach Milano Centrale.

Motive mit der St.-Albin-Kirche von Silenen sind beliebt. Vormittags eignet sich ein Standort direkt an der Dorfstraße. Nachmittags ist der Platz neben einem ehemaligen Wärterhaus sehr angenehm. So lassen sich die Züge aus verschiedenen Blickwinkeln fotografieren. Ein KV aus Köln-Eifeltor nach Gallarate wurde am 13. März 2015 von zwei Loks der Serie 474 gezogen. Die SBB verfügen über zwölf Exemplare (**Mitte**).

Unten: Wer viele Züge zu fahren hat, aber nicht genügend Maschinen besitzt, bedient sich am Markt für Mietloks, beispielsweise bei Railpool. Dort ist auch die BLS Cargo Kunde, hat sie doch ihre eigenen Loks ebenfalls vermietet, so auch an Lokomotion in Deutschland. Jedenfalls kam die 186 105 für die BLS vor dem sonntäglichen Milchzug als führende Lok einer Doppeltraktion vor einer BLS-eigenen 486 zum Einsatz.

Rechts: Zu den mit einem Schweizpaket ausgerüsteten 1116 (ES 64 U2) zählt auch die Lok mit der Nummer 099. Zusammen mit einer 189 ist sie, gut zu erkennen an der seitlichen Aufschrift, für TX-Logistik am Gotthard mit dem 41063 unterwegs. Seit 2014 fährt nun die BLS diese aus Venlo oder Wanne-Eickel kommenden Züge für TX. Dabei setzen die Berner nun eigene oder auch angemietete Loks ein (24. April 2013).

Im Zuge ihrer Flottenerneuerung orderten die ÖBB 1995 die erste Lieferserie der Reihe 1016 TAURUS. Es folgten rasch die mehrsystemfähigen 1116. Bei Siemens, wo die Loks in enger Zusammenarbeit mit den ÖBB entwickelt wurden, stellte man schon bald einen eigenen Lokpool bereit. Die ersten beiden Maschinen mietete Lokomotion für den Brenner-Verkehr an. Bald kam die Baureihe 189 dazu, mit der sich Züge von und nach Italien bespannen ließen. 2006 verkaufte Siemens den Lokpool an Mitsui Rail Capital Europe (MRCE). Dort wollte man ein eigenes Design und kam auf die Idee, alle Loks schwarz zu lackieren. Ursprünglich zeigten sich diese in Gelb und Silber. Zu den neuen Mietern zählte bald TX-Logistik. Das Unternehmen aus Bad Honnef gehört heute zu 100 % der italienischen Bahn (FS). Für den Schweizer Verkehr wurden einige Loks umgerüstet. Sie erhielten wegen des engeren Fahrleitungs-Zickzacks auch neue Pantographen.

Im Zuge der Streckenertüchtigung wurde zwischen 1970 und 1972 auch der Kerstelenbach-Viadukt oberhalb von Amsteg erneuert. Die gemauerten Pfeiler blieben dabei erhalten. Eine Betonbalken-Konstruktion nimmt nun die beiden Gleise auf. Mit einer Länge von 127 m und einer Höhe von 53 m zählt die Brücke zu den imposantesten Bauten der Nordrampe. Aus verschiedenen Blickwinkeln ergeben sich, je nach Jahreszeit, ansprechende Fotomotive. Von der schmalen Bristenstraße aus hat man an sommerlichen Vormittagen einen schönen Blick auf die Brücke und das malerische Dorf (unten). An Nachmittagen empfielt es sich, einen steilen Weg hinauf auf den im Bild unten zu sehenden Felsen rechts oberhalb der Brücke zu begehen. Von dort (rechte Seite unten links) lassen sich die talwärts fahrenden Züge schön beobachten, doch leider nicht mehr der Nahgüterzug, der einst bis Göschenen fuhr, um dort das Militärmagazin zu bedienen. Einzig das Schmelzmetallwerk in Gurtnellen wird noch sporadisch angefahren. Denn eine Materialanlieferung mit Lastkraftwagen ist dort nicht möglich.
Rechts: KV-Zug oberhalb von Amsteg-Silenen. Beachtenswert: die Verbauungen aus alten Schienenprofilen.
Rechts unten: Gasthaus Stern und Post.

cargo

HOTEL

Oben: Von der Gotthardstraße aus ergab sich im Juni 1999 dieser malerische Blick auf den Kerstelenbach-Viadukt. Eine „Rollende Autobahn" ist auf der Talfahrt Richtung Erstfeld.

Unten: Im Herbst kann unweit des Wärterhauses oberhalb der Brücke am längsten die Sonne genossen werden. Gerade noch rechtzeitig kamen die beiden 484er mit ihrer bunten Wagenschlange auf der Fahrt nach Gallarate vorbei.

Rechte Seite: Beide Loks des fotogenen Re 10/10-Gespanns tragen das gut gelungene SBB-Cargo-Design.

cargo
620 087-7

G.T.S.
GTS

crossrail
crossrail

Seite 42/43: Unweit der Intschireuss-Brücke findet sich eine Bushaltestelle. Von hier aus kann der wanderwillige Lichtbildner den schon beschriebenen Steg unterhalb der Brücke nehmen, um auf die andere Talseite zu gelangen. Zügigen Schrittes ist der Wanderweg erreicht, auf dem es ein kurzes Stück in Richtung Amsteg und dann rechts einen Hügel hinauf geht. Von dort zeigt sich die herrliche Kerstelenbach-Brücke in voller Schönheit. Selbst im Spätherbst kommt die Sonne hier bis fast 16.00 Uhr noch durch. Ein Teleobjektiv erwies sich als sehr hilfreich, als die beiden sauberen Crossrail-Loks mit dem 40185 in der 26-‰-Steigung herbeirollten. Leider sind vor allem die weiß lackierten Maschinen oftmals arg verdreckt.

Unten: Zwischen der Intschireuss-Brücke und dem ehmaligen Haltepunkt Intschi liegt der 88 m lange Intschi-Tunnel. Ein ausgelasteter Zug der HUPAC ist auf der Bergfahrt.

Rechts: Nach dem Passieren des 709 m langen Bristen-Tunnels hat der aus Wuppertal Langerfeld kommende „Winner" die Intschireuss-Brücke befahren. Der 41051 verkehrt fünfmal pro Woche. Auf die Straße umgeschlagen werden die Sattelanhänger und Wechselpritschen in Piacenza.

Im westfälischen Iserlohn ist die mittelständische, aber international aufgestellte Spedition Winner zu Hause. Dort setzt man verstärkt auf die Schiene. So werden im alpenquerenden Gütertransport Company Trains im Kombinierten Verkehr (KV) angeboten: die Winner-Züge. Sie verbinden via Brenner und Gotthard die Wirtschaftszentren Deutschlands mit denen Italiens. Das Ladegut besteht vorwiegend aus Stahlprodukten. Dabei profitieren die Kunden von erhöhten Transportkapazitäten mit Ladungsgewichten bis maximal 30 Tonnen je Ladungseinheit. Der Zug via Gotthard erreicht Erstfeld von Dienstag bis Samstag meist ab 10.00 Uhr. Dort werden noch zwei weitere Loks beigegeben. Gudrun Winner-Athens wurde von der Deutschen Verkehrs-Zeitung für ihr Engagement im KV als Unternehmerin 2014 ausgezeichnet. Sie ist auch Vorsitzende des Verwaltungsrates von Kombiverkehr, des größten Kombi-Operateurs in Europa.

Unten: Sebst nach der Aufteilung der SBB-Loks auf die verschiedenen Geschäftsbereiche sollte zunächst eine bestimmte Anzahl von Re 6/6 beim Personenverkehr verbleiben, um die schweren internationalen Schnellzüge von und nach Italien via Gotthard und Lötschberg zu bespannen. Es kam jedoch anders: Alle Loks wurden bei der Gütersparte heimisch. Sehr schön war das einstige orangene Farbdesign der Schnellzugwagen. Dabei handelte es sich bei den Wagen der 2. Klasse gar nicht um Eurofimawagen. Von diesen hatten die SBB nur 20 Wagen der 1. Klasse geordert. Doch aus der laufenden Lieferung von 210 Bm wurden 40 Fahrzeuge statt in Tannengrün im Eurofima-Orange ausgeliefert. Die zehn UIC-Speisewagen von 1967 erhielten ebenfalls den neuen Anstrich. Zuglok war im September 2000 die Re 6/6 11645 „Colombier“.

Rechte Seite: Spätherbst an der Intschireuss-Brücke. Um nicht von den wegen der Geräuschentwicklung der Autobahn nicht zu hörenden Zügen überrascht zu werden, ist hier der Aufbau eines Stativs ratsam. CFL-Wagen, beladen mit Stahlprodukten, waren am 22. November 2014 auf dem Weg nach Italien. Als um 13.54 Uhr der Zug über die Balkenbrücke rollte, war noch rund eine Stunde lang mit der Sonne zu rechnen.

In den Jahren 1964 bis 1984 beschafften die SBB die Serie Re 4/4 II (heute Re 420 und 421). Insgesamt wurden 276 Stück geordert. Die ersten Exemplare hatten eine Länge von 14,9 m (spätere Serien: 15,4 m). Am Dach fand sich nur ein Scherenstromabnehmer. Bei den Folgeserien war einiges verändert worden, so kam ein zweiter Stromabnehmer hinzu. Zudem beschaffte man für den Güterverkehr am Gotthard 1971 die Re 4/4 III (heute Re 430). Die 20 Exemplare erhielten eine gegenüber der Re 4/4 II geänderte Getriebeübersetzung, die es ihnen ermöglichte, bei gleicher Leistung in Doppeltraktion 1000 Tonnen auf den Rampen zu schleppen. Erprobt wurde dies mit der Re 4/4 41 der SOB (Schweizerische Südostbahn). Die Lok kam später als Re 4/4 III 350 zur SBB. 26 Maschinen der Serie Re 4/4 II wurden für den Einsatz in Deutschland (u. a. an TX-Logistik vermietet) im Werk Bellinzona hergerichtet. Diese Loks werden als Serie 421 bezeichnet.

Mitte: Wer umsteigefrei von Zürich Hauptbahnhof nach Milano Centrale reisen möchte, darf auch im Jahr 2015 immer noch in den ETR 470 seinen reservierten Sitzplatz einnehmen. Ansich sind die mit Neigetechnik ausgerüsteten Mehrsystemzüge durchaus zeitgemäß. Allerdings lässt ihre Zuverlässigkeit immer wieder verärgerte Reisende zurück. Abhilfe sollte mit der Wartung durch die SBB, die selbst einige der Züge im Besitz haben, geschaffen werden. Auch die Modernisierung half ein wenig. Das Äußere des ETR 470 veränderte sich dabei ebenfalls. Anfangs weiß gestrichen, kommt er nun in edlem Silber daher. Zusammen mit dem blauen Zierstreifen ergibt sich ein schönes Gesamtbild. Das Logo auf der Stirnseite weist auf den Eigner hin: So gehört der Zug, der eben bei Intschi auf Talfahrt in Richtung Zürich ist, der FS.

Unten links: Auch gemischte Güterzüge standen in den Dienstplänen der Re 460. In Mehrfachtraktion konnte sie 1300 t am Gotthard stemmen. Wurde, was in der Regel oft der Fall war, dieses Limit überschritten, half eine Schiebelok bis Göschenen mit. Diese rollte dann als Lokzug für weitere Aufgaben zurück nach Erstfeld. Für den Anstieg zum Monte Ceneri kam dann ab Bellinzona eine neue Schiebelok an den Zug.

Genau 281 Minuten Verspätung hatte der 1123 Tonnen schwere 41062, als er am frühen Morgen des 27. Juli 2013 über die 48 m lange Intschialp-Brücke fuhr. Gezogen wurde der Zug von zwei TX-Logistik-Maschinen (MRCE). Deren Bezeichnung lautet ES 64 F4. Dieses Kürzel nennt die Herkunft der Loks (EuroSprinter-Familie: ES) sowie ihre Leistung (6,4 MW). Das F4 weist sie als Mehrsystemlokomotiven für vier Stromarten aus. Zugelassen sind sie in Italien, der Schweiz, Österreich und Deutschland. Dies erlaubt einen sehr freizügigen Einsatz. Baugleiche Loks sind noch bei weiteren Bahnen in Europa im Einsatz. Die deutsche Güterbahn fährt mit ihnen von und nach den Niederlanden und Polen. Lokomotion schickt seine im auffallenden Zebra-Look beklebten 189er nach Österreich, Italien und die Slowakei. Eine überaus erfolgreiche Lokfamilie also. Die SBB haben ein Dutzend im Bestand. Sie sind meist in Italien im Einsatz.

Rechts: Dieser aus Frankfurt Hoechst kommende Zug sorgte für eine nette Abwechslung im Einerlei der SBB-Maschinen. Ziel des anfangs kurzen und deshalb auch nur mit einem Siemens-Dispo-TAURUS bespannten Zuges war Gallarate. Im dortigen HUPAC-Terminal wurde die Ladung von den Taschenwagen mit Hilfe großer Portalkräne für den Weitertransport auf der Straße umgeschlagen. Am 30. April 2005 blühten die Kirschbäume in voller Pracht.

Mitte: Bis zur strammen Trennung der Geschäftsbereiche bei den SBB im Jahr 2000 waren die sehr fotogenen Doppeltraktionen der Serie 460 ein gern gesehenes Motiv. Nach dem Verlassen des knapp 88 m langen Zgraggen-Tunnels geht die Strecke in einen schönen Bogen über. Von der 460 wurden insgesamt 119 Loks in Dienst gestellt, beginnend mit der 460 000. Sie sind 84 t schwer. Ihre Höchstgeschwindigkeit beträgt 200 km/h was für die Topographie der Schweiz absolut ausreichend ist. Nach dem Abzug vom Güterzugdienst sind sie bis heute vor den Schnellzügen von und nach Locarno nach wie vor am Gotthard zu sehen. Meist verkehren sie aber mit Pendelzügen im Flachland.

Unten: Vor Gurtnellen liegt direkt am Schienenstrang eine Siedlung. An der Hangseite befindet sich seit Generationen ein landwirtschaftliches Anwesen. Der Zugang erfolgt über einen schmalen Weg, der von der Gotthardstraße abzweigt. Ein ungesicherter niveaugleicher Übergang war hier früher zu passieren. Heute ist dieser aufgelassen, eine aus Beton gebaute Brücke bietet stattdessen eine absolut gefahrlose Passage. Auch der Gotthardwanderweg führt dort vorbei. Die Re 6/6 11614 „Meilen" hat eben einen kurzen Achtungspfiff abgegeben, denn die Stelle ist im Oktober 1989 nur durch einfache Andreaskreuze gesichert.

Als eines der wenigen Bauwerke ist der Säcken-Viadukt weitgehend unverändert geblieben. Das gemauerte Objekt ist 124 m lang. Seine zehn Bögen habe eine lichte Weite von jeweils zehn Metern. Es lässt sich von der Gotthardstraße aus mühelos fotografieren. Während grüne Lokomotiven im Sommer eher unauffällig beiben, sind sie bei einer entsprechenden Schneelage durchaus fotogen (rechte Seite oben).

Unten: Schön ist auch der Blick von der gegenüberliegenden Seite aus, die am Waldrand liegt. Aus Duisburg Ruhrhafen kommt der 43075, der wie die meisten KV-Züge in Gallarate, vor den Toren Mailands gelegen, seine bunte Fracht abliefert.

Mitte links und rechts: Ein Pfad führt zu diesem ehemaligen Wärterhaus. Seine Wochenendbesucher haben mittels Satellitenschüssel offensichtlich für guten Empfang gesorgt. Doch der Ton wird immer wieder durch die vorbeirollenden Güterzüge überlagert. An einem sonnigen Sonntagnachmittag wechselten sich Züge der Deutschen Güterbahn und der SBB ab.

Rechts unten: Reizvoller Blick auf den Säcken-Viadukt. Jede Menge Rohre sind auf dem Weg in den Süden (September 2009).

Hapag-Lloyd
HOYER

Diese Passage unweit von Gurtnellen hat für traurige Schlagzeilen gesorgt. Nach vorangegangenem Felssturz waren einige Arbeiter mit Sicherungsmaßnahmen beschäftigt, als am 5. Juni 2012 erneut einige Tonnen Gestein abgingen. Dabei kam ein Mann zu Tode. Das in der Nähe liegende, heute in privatem Besitz befindliche Wärterhaus wurde nicht in Mitleidenschaft gezogen. Hangzeuge, Verbauungen und permanente Überwachung sollen dafür sorgen, dass die Stelle künftig keine große Gefahr mehr in sich birgt. Schon vor Jahrzehnten wurde das Schutzdach gebaut, mit gemauerter Rutsche, über die Wasser und Schnee abgeleitet werden (Mitte).

Rechte Seite: Drei MRCE-Loks sind vor einem TX-Logistik-Zug, aus Melzo kommend, auf der Fahrt nach Venlo in den Niederlanden. Das geologisch heikle Gebiet ist gesichert.

Unten links und rechts: Oft verläuft die Strecke auf einem aufgeschütteten und mit Steinen gesicherten Damm. Da wo nötig, wurden auch massive Maßnahmen ergriffen, wie kurz vor der Einfahrt in den Bahnhof Gurtnellen. Die Reuss stellt in diesem Abschnitt keine Gefahr für die Trasse dar.

Seite 56/57: Dieser Güterzug wird gleich den Säcken-Viadukt (124 m lang) erreichen.

WETRON
WETRON
VAT
JAN DE RIJK

norfolkline

Schleifen um Wassen

Im oberen Reusstal zeigt sich die Gotthardbahn auf drei Ebenen

Um den maximalen Steigungswert von 27 ‰ einhalten zu können, wurden die beiden Rampenstrecken der Gotthardbahn mit Hilfe von Kehrtunnels und Schleifen verlängert. Auch hinter Gurtnellen ließen die Erbauer die Trasse von ihrem Südkurs abweichen. So verschwinden die Züge schon bald nach dem Bahnhof im Pfaffensprung- Kehrtunnel. Wieder im Hellen, schieben sie sich auf einer Distanz von ein paar Kilometern mehrmals durch kürzere Tunnels, rollen über die Untere Meienreuss-Brücke und durch den Kirchberg-Tunnel. Dieser wird, wie sein Name schon verrät, von einem Felssporn überdeckt, auf dem die Pfarrkirche von Wassen thront. Man könnte nun fast meinen, dass die Bahn die Ortschaft Wassen rechts liegen lässt. Doch weit gefehlt: Der Zug zieht zwar unterhalb des Dorfes vorbei, nimmt dann aber, nachdem er die Reuss auf der Unteren Wattinger Brücke überquert hat, im Wattinger Kehrtunnel (1084 m) wieder eine Kurskorrektur vor. Es geht zurück nach Wassen. Und dank des stetigen Anstiegs im Kehrtunnel langt die Trasse ziemlich höhengleich mit dem Ortskern im Bahnhof an. Züge halten hier schon lange nicht mehr, nur Autobusse. Die Züge ziehen ohne Aufenthalt am Dorfzentrum und seiner bekannten Kirche vorbei. Rasch wird die Mittlere Meienreuss-Brücke befahren. Danach findet im Leggistein-Tunnel wiederum ein perfekter Richtungswechsel statt, und die Züge erklimmen die dritte Trassenebene, wo die Meienreuss ein letztes Mal überquert wird.

Wassen selbst ist ein gemütliches Dorf mit Lebensmittelladen und Gasthöfen, in denen es sich gut nächtigen und speisen lässt. Die Hauptstraße wird von hübschen Holzhäusern gesäumt. Touristen, die zur Kirche hinaufwollen, schlendern hier vorbei, und Sankt Gallus grüßt als Brunnenheiliger vom Sockel herab. Wer unten im Talboden oder oberhalb des Dorfes spazieren geht und erstmals den Blick zur Bahn richtet, wird die ausgeklügelte Trassenführung zwar staunend zur Kenntnis nehmen, sie aber vielleicht nicht auf Anhieb verstehen: Fahren die Züge zum Gotthard-Tunnel hinauf oder kommen sie von dort herunter? Wer sich mit den Schleifen um Wassen vertraut gemacht hat, lässt sich dagegen nicht verwirren. Besucher, die sich für die Baugeschichte der Gotthardbahn interessieren, sollten auch das 2012 oberhalb des Bahnhofs eröffnete Freilichtmuseum aufsuchen. Es informiert über die Technik des Granit-Abbaus. Die Trassierung der Gotthardbahn erforderte seinerzeit immense Mengen an Gesteinsmaterial. So begannen die Urner Steinmetzbetriebe und Steinbrüche, wie das Wassener Unternehmen Antonini, recht bald zu florieren. In jüngerer Zeit verschwand dieser Industriezweig jedoch wieder. Die grandiose, aufwendig angelegte Gotthardbahn ist dagegen immer noch zu bewundern. Oberhalb von Wassen quert sie auf der dritten Ebene einen steilen Wiesenhang und passiert dabei mehrere kürzere Tunnels und die Kellerbach-Brücke, um kurz darauf im 1570 m langen Naxberg-Tunnel zu verschwinden. Hier ist die Trasse vor Lawinen geschützt. Doch auf der alten Rohrbach-Brücke, die vor dem Naxberg-Tunnel liegt, war sie es nicht immer. Im Jahr 1982 wurde die elegante Gitterkonstruktion durch eine lawinensichere, überdeckte Betonbalkenbrücke ersetzt. Mit 26 ‰ steigt die Bahn bis Göschenen hinauf, wo sie auf die meterspurige, mit Zahnstange ausgerüstete Strecke Andermatt – Göschenen der Matterhorn-Gotthard-Bahn (MGB) trifft. Im Süden liegt die Gotthard-Region. Unten sieht man die beiden Portale des Scheiteltunnels. Am Bahnsteig ertönt eine Ansage, dann ein Grollen aus dem Dunkeln, und schon spuckt der Berg einen Zug aus, einen Interregio. Am Bahnsteig warten etliche Reisende. Mit dem IR kommen sie bis Basel. ▼

Ein Kesselwagenzug mit drei sich ordentlich abmühenden Re 4/4 II (an der Spitze die 11166) hat Wassen und die Mittlere Meienreuss-Brücke passiert und wird nun gleich in den 40 m langen Strahlloch-Tunnel einfahren. Dem folgt die kurze gleichnamige Brücke, ehe es durch den 1088 m langen Leggistein-Tunnel geht, der den Zug auf die dritte Ebene der Wassener Schleifen bringen wird. Bei SBB-Cargo setzt man vermehrt drei Res in Mehrfachtraktion ein. Die Züge können folglich mit einem Gewicht von bis zu 1400 t gebildet werden. Sind sie schwerer, müsste noch eine Schiebelok am Zugschluss mitarbeiten.

Bunte Vielfalt, so könnten die Fotos dieser Doppelseite überschrieben sein. Für den „Swiss Express" wurden einige Re 4/4 II in ein spezielles Farbkleid gebracht. Den betreffenden Zug gibt es nicht mehr, geblieben sind aber bis heute noch einige der rot-weißen Loks, die wegen ihres Anstrichs von Eisenbahnfreunden liebevoll auch „Cremeschnittli" genannt werden. Ohne Halt hat ein Schnellzug nach Milano Centrale Gurtnellen passiert. Der dortige Fahrdienstleiter versah 2013 letztmalig seinen Dienst. Seither ist auch dieser Bahnhof verwaist.

Rechte Seite oben: Rail4Chem setzte als erste Privatbahn einen Güterzug von Amsterdam via Gotthard nach Brescia ein. Zunächst kamen TRAXX-Maschinen vor dem 40027 zum Einsatz. Sie wurden später durch 189er von NordCargo ersetzt. Da der Zug für eine Lok zu schwer ist, hilft eine der drei HUPAC-Loks aus. Ihr silberfarbenes Design mit Gebirgslogo war sehr gelungen.

Unten links: Ausfahrt aus dem 1476 m langen Pfaffensprung-Kehrtunnel (Juli 2010). Die Ladung, gepresster Schrott, ist gut zu sehen.

Unten rechts: Zwei 482 unterschiedlicher Bauserien bei Gurtnellen (Juli 2010).

HUPAC
ES 64 U2 - 100

cargo
cargo

Linke Seite: Während sich der Güterzug, in dem auch neue Automobile in den Süden reisen (4. Oktober 1996), und der mit zwei Ae 6/6 bespannte Kieszug schon hinter dem Pfaffensprung-Kehrtunnel befinden, sind die beiden anderen Motive kurz nach Gurtnellen entstanden. Die Reuss zeigt sich beide Male als friedlicher Gebirgsfluss. Dass dies nach heftigen Regengüssen auch anders sein kann, daran erinnert ein Schild beim Bahnhof Gurtnellen. Unwetter sorgten im August 1987 für eine reißende Strömung, die zunächst den Damm unterspülte und dann die Trasse ruinierte. An einigen Stellen hingen Schwellen und Gleise frei in der Luft. Die Gotthardbahn war für 18 Tage unterbrochen. Umleitungen folgten. Schnellzüge und teils auch Güterzüge nahmen den Weg über den Lötschberg. Der beschädigte Bereich wurde anschließend massiv verstärkt.

Rechte Seite: Einen langen Laufweg hatte der 40001 bereits hinter sich gebracht, als er zwischen Gurtnellen und Wassen ins Bild fuhr. In Taulov hat ihn die Zuglok der Baureihe 185 übernommen. Seit Erstfeld hilft noch eine Schwestermaschine mit, denn das Gewicht beläuft sich auf 1407 t. Dabei wird eine Länge von 617 m erreicht. Auch dieser Zug wird im HUPAC-Terminal Gallarate ent- und dann wieder beladen.

DFDS LOGISTICS
DENHARTOGH
norfolkline

Der 88 m lange Mühle-Tunnel kurz vor der Unteren Meienreuss-Brücke bietet sich, je nach gewähltem Zeitfenster, für diverse Aufnahmen an. Vor allem im Hochsommer können talwärts fahrende Züge zusammen mit der leider immer weniger sichtbaren Kirche von Wassen aufgenommen werden. Dabei kann der zu erwartende Zug bereits einige Minuten früher, noch bevor er den 300 m langen Kirchberg-Tunnel durchfährt, oben rechts auf der dritten Stufe der Wassener Kehrschleifen erblickt werden. Die Untere Meienreuss-Brücke (60 m) entstand als Stahlfachwerkbrücke. Später wich sie einem Beton-Neubau, den man erfreulicherweise mit Mauersteinen verkleidete.

Unten: Dank einer Verspätung von fast drei Stunden ließ sich der 41051, wie der Winner-Zug bahnamtlich geführt wird, von einem Punkt oberhalb des Mühle-Tunnels mit der Windgälle fotografieren. Wie immer waren zwei 185er der Deutschen Güterbahn an der Spitze, eine Schiebelok gleicher Baureihe versah am Zugschluss ihre Arbeit.

Rechte Seite: Ein KV-Zug aus Gallarate hat eben mit der klassischen Gotthardbespannung in Form einer Re 10/10 den Kirchberg-Tunnel verlassen.

TEE

Linke Seite: Die fünf Vierstromsystemzüge RAe TEE II der SBB dienten dem hochwertigen Reiseverkehr am Gotthard. Ab 1961 fuhren sie zwischen Zürich und Milano. Centrale. Von dort aus erreichten sie Paris. Als das Zeitalter der TEE-Züge 1988 vorbei war, kam jedoch kein endgültiges Aus für die Kompositionen. Sie wurden umgebaut und mausgrau lackiert. Im EC-Dienst erreichten sie weiterhin Milano und sogar Stuttgart. Der 1053 wurde nach Ende seines aktiven Dienstes zwischen 2003 und 2009 revidiert und ist seither als Extrazug im Einsatz, auch am Gotthard (Untere Meienreuss-Brücke).

Mitte: Lokbespannte Züge traten die Nachfolge an, später dann die Neigezüge ETR 470 des Unternehmens „Cisalpino", das den Fernverkehr am Simplon und Gotthard managte. Hierfür beklebte man auch einige SBB-484 farblich passend. Im Gotthard-Jubeljahr 2007 war neben anderen Objekten entlang der Strecke auch die Wassener Kirche mit roter Folie verhüllt. Eben erreicht der Zug, außerplanmäßig mit einer Re 484 bespannt, die Untere Wattinger Brücke.

Unten links: Für das Musical „Space Dream" warb die 460 074, gesehen im Juni 2006.
Unten rechts: Umleiter vom Lötschberg: der Ambrogio-KV-Zug unterhalb von Wassen.

11133
SBB CFF FFS

Linke Seite: Der Wattinger Bogen zählt zu den beliebtesten Foto-Motiven am Gotthard, kann er doch ganzjährig besucht werden. Am sonnigen 23. Mai 1993 war ein untypisch kurzer Zug auf dem Weg in den Norden. Gezogen wurde er von der Re 4/4 II 11133 und der Re 6/6 11677 „Neuhausen am Rhein".

Rechte Seite: Rund um Wassen. Wer hier einige Tage verbringen möchte, findet gute Gasthäuser mit freundlichem Service. Im Hotel Gerig gibt es leckere Salate aus dem heimischen Garten, freilich nur im Sommer. Bauer Baumann steht dem Treiben der Fotografen eigentlich sehr aufgeschlossen gegenüber. Doch das Gelände rund um den Wattinger Bogen dient der Heugewinnung, daher sollte man hochstehendes Gras keinesfalls niedertreten. Im kleinen Gemischtwarenladen in Erstfeld kann man übrigens die Produkte des Landwirts kaufen. Besonders fein: der Joghurt mit Waldbeeren.

Für die Lebensmittellogistik ist werktäglich ein besonderer Zug unterwegs. Er transportiert Kühlcontainer. Gezogen wird die Fuhre von einer 465 der BLS **(Mitte rechts)**.

Natürlich sollte man sich auch ein wenig Zeit für die Besichtigung der Kirche nehmen.

Linke Seite: Spätherbst am Wattinger Bogen. Das einst militärisch genutzte Gebäude ist heute im Besitz von Bauer Baumann. Ebenfalls privat genutzt wird das hinter den Birken versteckt liegende Wärterhaus. Der Zug mit zwei Re 460 an der Spitze hat eben den Wattinger Tunnel (1084 m) verlassen.

Rechte Seite oben: Die tiefstehende Sonne sorgt für lange Schatten. Nicht mehr lange, dann wird die Untere Wattinger Brücke im Dunkeln liegen. Noch rechtzeitig rollte ein Güterzug von Mannheim nach Chiasso an, gezogen von einem 185er-Tandem, und sorgte für ein stimmungsvolles Motiv.

Rechte Seite unten: Zwei der vier Prototypen der Re 6/6 erhielten einen geteilten Lokkasten. Die anfängliche Skepsis gegenüber einem ungeteilten Aufbau schwand nach vielen Versuchsfahrten. Im Unterschied zu den Serienloks sind die Lüfter der vier Vorserien-Maschinen anders ausgeführt. Sie haben insgesamt sechs Gitter in drei unterschiedlichen Längen. Die Serienmaschinen erhielten fünf gleichlange Elemente in den seitlichen Dachrundungen. Mit einem kurzen Postzug ist die bärenstarke Lok kaum gefordert, ein angenehmer Dienst auch für den Lokführer (15. Oktober 2009).

Links oben: Auf der Oberen Wattinger Brücke (Öffnung: 43 m) ist ein langsam rollender KV-Zug auf der Talfahrt. Nach wie vor wird dabei die Sägezahnmethode angewandt. Der Lokführer beginnt, ehe die zulässige Höchstgeschwindigkeit erreicht ist, bereits den Zug abzubremsen. Moderne Drehstromloks speisen beim Bremsen Energie zurück in das Netz. Bei den Re 10/10 wird lediglich Wärme an die Umwelt abgegeben. Oben links erkennt man einen Teil der lawinensicheren Rohrbach-Brücke, eigentlich ein Tunnel in Brückenform.

Links unten: Die Kirche in Wassen lässt sich zu jeder Jahreszeit stimmungsvoll ablichten.

Rechts: Aus diesem Blickwinkel könnte man fast meinen, eine perfekt gemachte Modellbahnanlage vor Augen zu haben. Es ist Frühherbst und die ersten Bäume fangen an, sich dezent zu verfärben. Während die Sonnenstrahlen bereits die Mittlere Meienreuss-Brücke und die Überleitstelle hinter Wassen erreichen, ist das Reusstal noch beschattet. Ein KV-Zug von TX-Logistik ist talwärts auf dem Weg von Melzo nach Venlo. Gezogen wird er von einem 189er-Tandem des Lok-Vermieters MRCE.

Beim Dörflein Wassen im oberen Reusstal gewinnen die Züge mit Hilfe von Kehrtunnels und Schleifen kräftig an Höhe. Dem Bahnreisenden kommt die auf einem Felsmassiv thronende St.-Gallus-Kirche dabei gleich dreimal ins Blickfeld. Wer hingegen als Wanderer unterwegs ist, sollte sich die 1734 erbaute Kirche auch von innen ansehen. Mit üppigen Stukkaturen und bunten Fresken verziert, entfaltet sie ihre ganze barocke Pracht. Die Altäre sind das Werk berühmter Schweizer Bildhauer: Johann und Jodok Ritz aus Selkingen im Oberwallis. Gallus, der Namenspatron der Wassener Kirche, ist gleichzeitig der Schutzheilige des Ortes. Der Legende nach soll der um 600 n. Chr. geborene irische Mönch Gallus auf seiner Wanderschaft einem Bären begegnet sein. Von den Worten des frommen Mannes beeindruckt, griff das Tier diesen und seinen Begleiter jedoch nicht an, sondern trollte sich, was als göttliches Zeichen gewertet wurde.

Unten: EuroCity auf der Fahrt in den Süden. Eben wird die Mittlere Meienreuss-Brücke von einer Re 6/6 befahren. Auf der dritten Stufe ist unterdessen ein Güterzug auf der Talfahrt, in dem noch einige zweiachsige gedeckte Güterwagen laufen (Juli 1997).

Rechte Seite oben: Schnellzug nach Locarno auf der dritten Ebene oberhalb von Wassen. Schon früh, wenn er den Mühle-Tunnel verlässt, ist der sich nähernde Zug kurz zu erblicken. Oberhalb des SBB-Salonwagens sieht man die Mittlere Meienreuss-Brücke. Im Salonwagen „Le Salon Liberté" dürfen die Fahrgäste dank drehbarer Sitze übrigens ihre Blickrichtung selbst bestimmen. Alle diese Spezialfahrzeuge können als Extrawagen in einem planmäßigen Zug mitgenommen oder auch als eigene Extrazüge geführt werden (Infos: sbb.ch/luxe).

Rechte Seite unten links und rechts: Rund um den Strahlloch-Tunnel ergeben sich einige Fotomöglichkeiten. Bei dem teilweise dichten Verkehr kommt es auch immer wieder zur Begegnung zweier Züge, wie hier auf dem Strahlloch-Viadukt. Die Postzüge waren über viele Jahre fest in der Hand der Ae 6/6. Einige Maschinen zeigen sich mittlerweile vom harten Dienst mehr oder weniger stark gezeichnet.

Auch der Hochwinter bietet rund um Wassen wunderbare Fotomöglichkeiten. Allerdings ist die Sonneneinstrahlung rund um den Jahreswechsel sehr bescheiden. Ab Mitte Februar hat die Sonne dann wieder mehr Kraft, und so fällt der frisch gefallene Schnee sehr bald von den Bäumen. Empfehlenswert ist es, den ersten Tag nach Neuschneefällen für einen Besuch am Gotthard vorzusehen. An viele Stellen gelangt man am besten mit Schneeschuhen. Vorsicht ist aber stets angeraten, vor allem bei Lawinengefahr. So wurde das Bild vom Portal der Oberen Entschigtal-Gallerie erst nach dem Abgang der Schneemassen möglich (rechte Seite unten rechts). Gleisbautrupps sind regelmäßig unterwegs, um vor allem die Weichen funktionsfähig zu halten. Ein schneereicher Winter – des einen Freud, des anderen Leid …

termodal
The European
Rail Company
TXLOGISTIK
MRCEdispolok

Mit einer Länge von 122 m ist die Mittlere Meienreuss-Brücke eine der längsten und somit auch eindrucksvollsten Bauwerke der Nordrampe. Fast 70 m tiefer stürzt sich der gleichnamige Gebirgsbach in die Tiefe. Von der Sustenpassstraße, die in Wassen beginnt und sich auf eine Höhe von 2224 m ü. M. schlängelt, ergibt sich dieser Blick auf das Bauwerk. Eine Ae 6/6 schiebt einen KV-Zug bis Göschenen nach (links oben).

Unten: Mit dem Ambrogio-KV aus Gallarate sind zwei 460er in Mehrfachtraktion auf der Talfahrt. Der Straße-Schiene-Umschlag erfolgt im eigenen Terminal, wo drei Ladegleise und ein Portalkran zur Verfügung stehen. Das Unternehmen wurde 1957 von Domenico Ambrogio gegründet. Er erkannte früh, dass auf weiten Entfernungen die Bahn enorme Vorteile bietet, bei der Feinverteilung in der Fläche dagegen der LKW. So bot sich die Verknüpfung aus beidem als Königsweg an. Bereits 1969 entwickelte Ambrogio das eigene intermodale Verkehrssystem. Heute ist das Unternehmen mit eigenen Ganzzügen europaweit unterwegs, vorwiegend via Simplon-Lötschberg.

Vielfalt: Ganzzüge mit Kesselwagen und Autotransportwagen auf der Oberen Meienreuss-Brücke (rechte Seite).

Menschen bei der Arbeit. Immer wieder trifft man bei den Fototouren auf SBB-Mitarbeiter, die dem Lichtbildner gerne von ihrer Tätigkeit erzählen. Besonders erfreut sind sie natürlich, wenn der Fotograf in Gleisnähe eine Warnweste trägt. Im Sommer kann man fleißige Bergbauern bei der Heuernte bewundern.

Holzhackschnitzel-Ganzzüge sind seit einiger Zeit nicht mehr am Gotthard zu sehen. In umgebauten Ealos der Deutschen Bahn wurde der Rohstoff verladen. Wegen Bauarbeiten befährt der Zug mit seinen zwei DB-185 das „falsche“ Richtungsgleis.

Rechte Seite: Gemischter Güterzug auf der obersten Stufe bei Wassen. Vor gut sechs Minuten hat der Zug die Etappe beim Kirchberg-Tunnel passiert und ist dann über die Mittlere Meienreuss-Brücke wieder in Richtung Norden gefahren. In der Bildmitte erkennt man den Pfaffensprung-Stausee. Wasserkraft ist und bleibt ein wichtiger Pfeiler der SBB-Energiestrategie: Anfang 2015 haben die SBB die Aktienmehrheit der Kraftwerk Wassen AG übernommen. Die Wasserkraftwerke der „Reusskaskade“ Göschenen, Wassen und Amsteg produzieren rund 40 % des schweizweit benötigten Bahnstroms der SBB. Neben der Bahnstromproduktion bauen die SBB im Hinblick auf die Eröffnung des Gotthard-Basistunnels die ganze Bahnstromversorgung auf der Nord-Süd-Achse aus. Damit steigt der Stromanteil aus Wasserkraft bei den SBB um vier Prozent. Mit dem Ausbau der Wasserkraftproduktion rüsten sich die SBB für die Aufgaben der Zukunft.

Auch auf der dritten Stufe der Streckenführung oberhalb von Wassen zeigen sich spektakuläre Kunstbauten. Gleich nach dem 1088 m langen Leggistein-Kehrtunnel rollen die Züge kurz ans Licht der Sonne. Ehe sie im Meienkreuz-Tunnel wieder verschwinden, geht es über die Obere Meienreuss-Brücke (54 m). Diese lässt sich aus verschiedenen Perspektiven fotografisch in Szene setzen, im Hochsommer auch von der Bergseite aus (oben). Dafür empfiehlt sich ein Weitwinkelobjektiv. Vom direkt vorbeiführenden Wanderweg aus gelingen ebenfalls schöne Motive (Juli 1997, unten links).

Einige hundert Meter südlich ist das nächste Bauwerk zu sehen: die Kellerbach-Brücke (70 m) . Auch hier wich die ursprüngliche Brücke einem Betonbau, der mit Granitsteinen verkleidet wurde (unten rechts).

Rechte Seite: Im Hochsommer bilden die bergwärts fahrenden Züge von einem Standort oberhalb der Kellerbach-Brücke, deren zwei Hauptbögen jeweils 28 m lang sind, ein hübsches Motiv. Sogar die Kirche von Wassen spitzt nochmals hinter den Tannen und Lärchen hervor. Der Bereich des kurzen Strahlloch-Tunnels ist ebenfalls noch zu sehen. Der aus Köln-Eifeltor kommende 42027 ist auf dem Weg nach Gallarate.

cargo

Unten: Ein gemischter Güterzug mit der 11646 an der Spitze hat die oberste Ebene der Gleisschleifen bei Wassen erreicht und strebt nun in Richtung Göschenen, wo die nicht im Bild sichtbare Schiebelok vom Zug gehen wird (Juni 2006).
Rechte Seite oben: Das Erstfelder Krokodil kam mit einem Fotozug nach Göschenen.
Rechte Seite unten links: Denkmal für Louis Favre, den Erbauer des Gotthard-Tunnels, auf dem Friedhof von Göschenen. In vielen Büchern ist das Werk des Mannes beschrieben worden. Wie immer lagen Triumph und Tragik beieinander: Der Bau des Tunnels stellte eine der wichtigsten Ingenieursleistungen des 19. Jahrhunderts dar, gelang es doch, das zentrale Alpenmassiv für den Transitverkehr zu erschließen. Andererseits forderte das Projekt Menschenleben. Nicht nur durch Unfälle und Krankheiten, sondern auch wegen Arbeiterunruhen. Louis Favre selbst zahlte auch einen hohen Preis: Er verlor sein Vermögen und sein Leben. Der tödliche Herzinfarkt im Tunnel war an Dramatik schwer zu überbieten.
Rechte Seite unten: Ein Pendelzug der Matterhorn-Gotthardbahn erreicht eben Göschenen. Er stellt die Verbindung nach Andermatt her. Links im Bild die beiden Portale des Gotthard-Scheiteltunnels.

Das Erstfelder „Krokodil" Ce 6/8 14253 gehört zu den imposantesten Loks, die je auf der Gotthard-Bergstrecke den anspruchsvollen Dienst versahen. Maschinen des Typs Ce 6/8 II wurden nach Ende des Ersten Weltkriegs für den Einsatz auf der frisch elektrifizierten Gotthardstrecke zwischen Erstfeld und Biasca gebaut. Als „schwere Gebirgs-Güterzugslokomotive" konzipiert, war die 14253 nach ihrer Fertigstellung im Jahr 1919 auf der Strecke Bern – Spiez unterwegs, bevor sie 1920 ins Erstfelder Depot umzog und zunächst vier Jahre lang am Gotthard eingesetzt wurde. Nach Stationen in Basel und Zürich erhielt sie, zusammen mit einigen anderen Maschinen derselben Serie, in den 1940er Jahren einen stärkeren Motor und wurde in Be 6/8 13253 umbenannt. 1943 kehrte sie wieder nach Erstfeld zurück, wo sie seit 1976 als historische und betriebsfähige Lok unter ihrer ursprünglichen Bezeichnung Ce 6/8 14253 geführt wird.

Gotthard-Basistunnel

PL01
SCHÖMA
PL01

Die Goldene Schwelle

Beim Bau des Basistunnels liefen alle Arbeiten nach einem präzisen Plan

Das Schweizer Stimmvolk hatte das mit rund 10 Milliarden SFR veranschlagte Projekt Ende November 1998 abgesegnet. Ein Jahr später begannen bei Sedrun die Ausbrucharbeiten für die beiden jeweils 57 km langen Röhren des Gotthard-Basistunnels (GBT). Über einen horizontalen Zugangsstollen und zwei 800 m tiefe Schächte erfolgten Sprengvortriebe in beide Richtungen. Anschließend ging es mittels Tunnelbohrmaschinen weiter. Um die bereits fertig gestellten Abschnitte zu sichern, setzte man auf ein innovatives Konzept: flexible Stahlböger, die sich bei Gebirgsdruck zusammenschieben. Als Bauherr agiert die AlpTransit Gotthard AG (ATG), die im Mai 1998 als 100-prozentige Tochter der Schweizerischen Bundesbahnen SBB gegründet wurde.

Mit der sprichwörtlichen Schweizer Präzision lief alles nach Plan, sodass am 15. Oktober 2010 der Hauptdurchschlag in der Oströhre gefeiert werden konnte. Eine fantastisch anmutende Leistung, angesichts einer Abweichung von horizontal acht und vertikal nur einem Zentimeter. Um den GBT in die Stammstrecke einzubinden, entstanden auch neue Zufahrten. So wurde im Juli 2013 die um 2,5 km näher an die AlpTransit-Strecke herangerückte Gleisführung bei Pollegio eingeweiht. Mittels Weichen ist sie mit der neuen GBT-Zufahrt verbunden. Aus dem Tunnel ausfahrende Güterzüge können an dieser Stelle abzweigen und sich von den schnelleren Personenzügen überholen lassen. In Pollegio ist eine neue Betriebszentrale entstanden. Von hier aus steuern die SBB den gesamten Verkehr im Tessin, am Ceneri und im GBT. Im Tunnel selbst fanden am 31. Oktober 2014 die letzten Gleise ihren Platz: Die Goldene Schwelle wurde verlegt. Während der 39-monatigen Einbauzeit vollendeten die Arbeiter in beiden Röhren eine feste Fahrbahn mit ingesamt 290 km Schienen und 380.000 Einzelblockschwellen. Als Generalunternehmer fungiert die Transtec Gotthard, eine Arbeitsgemeinschaft verschiedener Firmen, die am 4. Mai 2007 von der AlpTransit Gotthard AG den Zuschlag für den Einbau der GBT-Bahntechnik erhalten hat.

Um eine dichte Zugfolge im GBT zu gewährleisten, wurde das Zugsicherungssystem „European Train Control System" (ETCS) verbessert. Das neue „ETCS Level 2" soll später die Durchfahrt von bis zu zwei Personen- und fünf Güterzügen pro Richtung und Stunde ermöglichen. Seit Februar 2015 finden entsprechende Lokführerschulungen auf Fahrsimulatoren statt, die dem Führerstand der TRAXX-Baureihe 185 angepasst sind. Die SBB investieren auch in neues Rollmaterial, wie den ETR 610 von Stadler Rail, der seit November 2014 schrittweise am Gotthard eingeführt wird, und rüsten andere Fahrzeuge aus ihrem Fuhrpark auf ETCS Level 2 um. Um Betriebsbewilligungen zu erhalten, führen SBB, ATG und Thales nächtliche Testfahrten mit 200 km/h auf den GTB-Zufahrtstrecken durch. Im Tunnel selbst fand zwischen dem Südportal und der Multifunktionsstelle Faido ein Probebetrieb statt. Die Züge sausten hier mit 220 km/h durch den Berg. So kann man feststellen, ob das Zusammenspiel aller Abläufe in puncto Sicherheit und Kommunikation funktioniert. Testläufe auf der gesamten Tunnelstrecke sind für den Herbst 2015 angesetzt. Die Bahnhöfe Erstfeld und Biasca fungieren als Erhaltungs- und Interventionszentren, hier ist jeweils ein Tunnelrettungszug stationiert.

Die Eröffnung des GBT ist für den 2. Juni 2016 geplant, der Betriebsbeginn für den 11. Dezember 2016. Mit dem GBT kann nicht nur der europäische Güterverkehrskorridor Rotterdam – Genua gestärkt werden, auch in nationaler Hinsicht ergibt sich ein Vorteil: Das Tessin rückt mit der Deutschschweiz und der Romandie zusammen. ▼

Oben: Die Baustelle der AlpTransit bei Amsteg im April 2007. Damals waren die Ausbrucharbeiten noch voll im Gange. Rechts im Bild sind die siloähnlichen Belüftungsanlagen zu erkennen (links). Die Baustelle ist mittlerweile rückgebaut, das Gelände wurde renaturiert (rechts).

Mitte oben: Demontage einer Tunnelbohrmaschine. Der Vortrieb in den beiden 57 km langen Röhren erfolgte zu 80 % mit Hilfe von Tunnelbohrmaschinen, zu 20 % kamen Sprengladungen zum Einsatz. Mit dem Sprengvortrieb in beide Richtungen ab Sedrun hatten die Arbeiten begonnen (links). Beim Tunnelausbau kamen Dieselloks von Schöma zum Einsatz (rechts).

Mitte unten: Die letzte, „goldene" Schwelle wird verlegt. Ein historischer Moment (links). Die neue Betriebszentrale Süd bei Pollegio. Von hier aus wird künftig der gesamte Verkehr im Tessin und Gotthard-Basistunnel gesteuert (Mitte). Weicheneinbau in der festen Fahrbahn (rechts).

Unten: Trassen-Neubau bei Bodio (links). Probefahrt auf der 13 km langen Etappe zwischen dem Südportal und der Multifunktionsstelle Faido (rechts). Eine gleichartige Station wurde bei Sedrun eingerichtet. Fotos (7): AlpTransit

A
2
11161

Willkommen im Süden

Durch den Scheiteltunnel bis Airolo und weiter bis zum Dazio Grande

Die Gebirgsregion am Gotthardpass bildet eine Wetterscheide. Wer mit dem Zug in Richtung Süden unterwegs ist, darf daher jedesmal ein wenig gespannt sein, welche Witterung ihn nach der Ausfahrt aus dem Südportal bei Airolo empfangen wird. Bis in die Täler hinabreichende, regenschwere Wolken - oder Sonnenschein und blauer Himmel? Bei entsprechenden Staulagen kann es im Winter sogar derartig schneien, dass die Landschaft südlich des Gotthards von einer meterhohen weißen Pracht zugedeckt wird und die Verkehrswege nur mit großem Aufwand passierbar gemacht werden können. Das Gotthardgebiet ist auch ein „Wasserschloss". Hier entspringen mehrere bedeutende Flüsse: der Rhein, die Reuss und der Ticino. Während die beiden Ersteren gen Norden fließen, nimmt Letzterer, der in der Nähe des Nufenenpasses entspringt und aus dem Westen über das Val Bedretto herabkommt, hinter Airolo Kurs auf den Süden, um schließlich in den Lago Maggiore zu münden. So wie der Fluss heißt auch der südlichste Kanton der Schweiz, der sich jenseits der Gotthardregion erstreckt: Ticino (deutsch: Tessin). Keilförmig ragt er in die italienische Lombardei hinein. Eine Sprachgrenze ist der Gotthard ebenfalls. Während im nördlich gelegenen Kanton Uri schweizerdeutsch gesprochen wird, hört man im Tessin italienische Laute, einen lombardischen Dialekt, den der Großteil der Bevölkerung hier spricht.

Italienisch ist die Amtssprache im Tessin. Das Kantonsgebiet gehörte bis ins 15. Jahrhundert den Bischöfen von Como und dem Herzogtum Mailand. Durch Eroberung ging es danach an die Eidgenossen. Mit der Gotthardbahn erschloss sich ab Juni 1882 ein bequemer Verkehrsweg in das Tessin. Davor mussten Kaufleute, Säumer und Soldaten den beschwerlichen Weg über den Gotthardpass nehmen. Namenspatron dieses Alpenübergangs ist der 1131 heilig gesprochene Benediktinermönch Godehard (960 - 1038). Er stammte aus Niederbayern und wurde 1022 zum Bischof von Hildesheim berufen. Seine Gebeine ruhen im Hildesheimer Dom. Eine dem Heiligen geweihte Kapelle entstand im 13. Jahrhundert am Gotthardpass. Auch ein Hospiz wurde eingerichtet. An die Geschichte des Alpenübergangs erinnert das Nationale St.-Gotthard-Museum. Es befindet sich auf der Passhöhe (2100 m ü. M.) und zeigt, wie sich die Nutzung des Alpenwegs in kultureller, politischer, militärischer und wirtschaftlicher Hinsicht ausgewirkt hat und welche Anstrengungen unternommen wurden, ihn auszubauen. Geöffnet ist das Museum von Juni bis Oktober. Die Arbeiten am 15 km langen Tunnel begannen im September 1872. Am 29. Februar 1880 gelang der Durchbruch.

Der Scheitelpunkt befindet sich auf einer Höhe von 1151 m ü. M. (Zum Vergleich: Göschenen 1106 m ü. M., Airolo 1142 m ü. M.). Mindestens 200 Menschen verloren bei den Bauarbeiten ihr Leben. Unzählige wurden verletzt oder erkrankten infolge der schwierigen Arbeitsbedingungen, wie die schlechte Belüftung unter Tage. Die Verhältnisse vor Ort übersteigen die heutige Vorstellungskraft: Im Richtstollen herrschten Temperaturen von bis zu 32° C, wozu auch hunderte Lampen beitrugen. Die Luftfeuchtigkeit betrug fast 99 %. Am 1. Januar 1882 wurde der Gotthardtunnel in Betrieb genommen. Anfangs befuhren Postzüge die Strecke. Doch auch die Trassierung der Südrampe stellte die Erbauer vor große Herausforderungen. So meistert die Gotthardbahn zwischen Rodi-Fiesso (942 m ü. M.) und Faido (755 m ü. M.) in der engen Piottino-Schlucht eine Geländestufe, das „Dazio Grande" (ital.: großer Zoll), benannt nach einer alten Zollstation, die heute als Hotel mit historischem Ambiente dient. Zwei Kehrtunnels und aufgeschüttete Dämme helfen den Zügen beim Abwärtsklettern. ▼

Der 6. Februar 2014 war ein herrlicher Wintertag. In der Nacht erhielt die ohnehin schon üppige Schneedecke nochmals einen Zuwachs von rund 15 cm. Solche Schneemengen sind auf der Alpensüdseite mehr als außergewöhnlich. In Airolo eilte der EC 153 von Luzern kommend ohne Halt seinem nächsten Ziel, Bellinzona, entgegen. In Chiasso wurde die Re 4/4 11161, übrigens die letzte grüne Maschine bei der Personenverkehrssparte der SBB, dann vom Zug genommen. Eine FS-Maschine übernahm die Weiterfahrt bis nach Milano Centrale.

Oben links: Ein sonniger Wintertag im Bahnhof Airolo. Einige SBB-Mitarbeiter sind beim Schneeräumen.
Oben rechts: Das von Vincenzo Vela (1820 - 1891), einem Tessiner Bildhauer, geschaffene Bronzerelief für die Opfer des Tunnelbaus wurde erst 1932 anlässlich des 50-jährigen Jubiläums der Gotthardbahn am Bahnhof Airolo aufgestellt. Dargestellt werden Bergarbeiter, die auf einer Bahre einen todgeweihten Arbeitskameraden aus dem Tunnel tragen. Weitere Arbeiter sind stumme Zeugen der Tragödie.
Mitte links: Mit einer Schneefräse geht die Arbeit zügig voran.
Mitte rechts: Selbst der Kirchturm in Airolo trug im Februar 2014 eine weiße Mütze.
Unten links: Die Massen auf dem Bahnsteigdach zeigen den wochenlangen Aufbau der dicken Schneedecke.
Unten rechts: Sogar an den Quertragwerken der Fahrleitung haftete der Schnee.

Rechts: Obwohl es heftig geschneit hatte und die Gleise bedeckt waren, tragen die Loks keine Schneeanhaftungen. Schuld daran sind die hohen Temperaturen (bis zu 30° C) im Gotthardtunnel. Zwei Re 486 der BLS führen einen langen Containerzug in Richtung Süden.

In den Jahren 2003 bis 2009 beschaffte BLS Cargo neue Loks. Sie gab dabei der TRAXX-Familie den Vorzug. Die 20 Exemplare der Serie Re 485 sind für die Schweiz und Deutschland zugelassen. Internationaler verwendbar sind die zehn Maschinen der Serie Re 486. Sie können auch in Italien, Österreich und den Niederlanden fahren. Beide Loktypen verkehren täglich auch am Gotthard. Seit 2014 sind drei Maschinen an das deutsche EVU Lokomotion ausgeliehen. Das Münchner Unternehmen setzt die Re 486 am Brenner und am Tauern ein. Dabei erreichen die Loks auch Verona und den Hafen in Triest. Mit den EKOL-Zügen kommen sie in der Gegenrichtung ab und an bis Köln-Eifeltor. Der freizügige und internationale Einsatz ermöglicht es den Bahnen, im Wettbewerb mit Straße und Binnenschifffahrt mithalten zu können. Dem Kunden kann auf diese Weise ein komplettes Angebot für den gesamten Laufweg eines Zuges gemacht werden.

Oben links: Heftige Winde haben dafür gesorgt, dass selbst die Signale zu bizarren Figuren mutiert sind.

Mitte links: Das Empfangsgebäude musste einer großen Schneelast standhalten.

Unten links: Eine selbstfahrende Schneeschleuder sorgt dafür, dass die Nebengleise im Bahnhof Airolo wieder befahrbar werden. Solch extreme Schneemassen wurden in den letzten 60 Jahren nicht mehr registriert. Der Schneefall auf der Alpensüdseite machte im Winter 2013/14 zwischen 250 und 400 % der sonst üblichen Niederschlagsmenge aus. Es schneite vor allem in Lagen über 1000 m.

Großes Bild: Ein ICN auf der Fahrt nach Lugano hat Airolo passiert und legt sich nach der Bahnhofsausfahrt elegant in den Gleisbogen. Am 2. Juli 1996 bestellten die SBB eine erste Serie der siebenteiligen Neigezüge (RABDe 500). Eine zweite Serie wurde im Mai 2001 geordert. Insgesamt sind 44 Einheiten der mit Neigetechnik ausgestatteten Züge gebaut worden. Sie erhielten eine Vielfachsteuerung, sodass zwei Züge in Spitzenzeiten gekuppelt als Tandem fahren können. Alle diese Fahrzeuge tragen Namen berühmter Schweizer Persönlichkeiten.

Die Verlagerung des Güterverkehrs im Alpenraum von der Straße auf die Schiene ist ein wichtiges Ziel der schweizerischen Verkehrspolitik. Die SBB realisieren deshalb im Auftrag des Bundes bis 2020 einen Vier-Meter-Korridor auf der Gotthardachse zwischen Basel und der italienischen Grenze. Dabei müssen rund 20 Tunnels angepasst werden, damit Sattelauflieger mit vier Metern Eckhöhe verladen werden können. Hinzu kommen Anpassungen bei rund 80 Bahnsteigdächern und Signalanlagen. Die Basistunnels am Gotthard und Ceneri ermöglichen dank ihrer großzügigen Profile auch höheren Aufliegern und sogar Doppelstock-Personenzügen die Durchfahrt. Nachdem das Parlament den Bau und die Finanzierung über 990 Millionen Franken gutgeheißen hatte und die entsprechenden Gesetzesänderungen in Kraft getreten sind, billigte der Bundesrat am 8. Oktober 2014 die betreffende Vereinbarung mit den SBB.

Links: Der Stalvedro-Viadukt (101 m), unweit von Airolo gelegen, überbrückt den Ticino. Auch dieses Bauwerk wurde einst als Gitterbrücke errichtet. Sein Umbau erfolgte ab 1952. Der Blick geht in Richtung Gotthardregion, auch die Gotthardpassstraße ist gut zu erkennen. Ein Ganzzug, gebildet aus Shimms der SBB, transportiert Coils nach Italien. Hier arbeitet eine „Re 10/10", mit der Re 6/6 11663 „Eglisau" an der Spitze.

Rechte Seite Mitte: Für den Bau des Gotthard-Basistunnels wurden enorme Mengen Zement benötigt, welche die Baustellen via Schiene erreichten. Für diese Züge wurden oftmals Ae 6/6 verwendet.

Unten: Ein ICN hat Airolo passiert und fährt in den Gotthard-Tunnel ein. Bis zum Scheitelpunkt steigt die Strecke um rund 4 ‰ sehr moderat an.

Bäumle
pe.tra

FFS
SBB
11334
CFF

Seite 96/97: Am frühen Morgen erstrahlt der Stalvedro-Viadukt im Glanz der Sonne, während sich der Hintergrund noch gänzlich schattig zeigt. Ein KV-Zug ist hier auf der Bergfahrt, die Steigung beträgt 26 ‰.

Unten: Direkt vom Ticino aus ergibt sich dieser Blick auf den Stalvedro-Viadukt. Durch das Rauschen des Flusses, der im Sommer oft nur ein Rinnsal ist, und der unmittelbar hinter dem Fotografen verlaufenden Autobahn sind die aus dem Stalvedro-Tunnel kommenden Züge nicht zu hören. Ein Stativ, auf dem die Pentax 6x7 ruhte, sorgte dennoch für entspanntes Warten auf die Züge (Juli 1998). Die Re 6/6 11656 „Travers" führt ihren EC bergwärts.

Rechte Seite oben: Ein ETR 470 der FS hat den Stalvedro-Tunnel und die gleichnamige Brücke passiert. Nun rollt er in Richtung Bahnhof Airolo, der in Kürze durchfahren wird (September 2014).

Rechte Seite unten: In grünem Farbkleid und noch mit runden Scheinwerfern präsentiert sich die Re 6/6 11676 nach dem Verlassen des Stalvedro-Tunnels (196 m). Die Lokomotive wurde am 6. Juni 1976 in Betrieb genommen.

Bereits in den 1940er Jahren begann die Entwicklungsgeschichte der Re 6/6. Die SBB wünschten sich eine sechsachsige Schnellzuglokomotive mit rund 3000 PS. Es dauerte noch eine Weile, bis mit der Ae 6/6 in den 1950er Jahren eine solche Maschine auf den Gleisen stand. Sie wurde rasch zur Gotthardlok schlechthin. Stetig steigende Zuglasten offenbarten jedoch ein Problem: Die Ae 6/6 besaß keine Vielfachsteuerung. Für die Zwischenlok, das Vorspannfahrzeug und die eigentliche Zuglok benötigte man jeweils einen eigenen Lokführer. Aus diesem Grund setzten die SBB in den frühen 1970er Jahren Re 4/4 II und III in Vielfachsteuerung vor Schnell- und Güterzügen ein. Es erwies sich jedoch als unwirtschaftlich, einen 600 Tonnen schweren Schnellzug mit zwei Maschinen zu führen. Es mussten Sechsachser her, die in der Lage waren, auf den 27-‰-Rampen 800 Tonnen mit einer Geschwindigkeit von 80 km/h bergwärts zu schleppen. So ▸

Recht unspektakulär verläuft die Trasse in der oberen Leventina rund um Ambri-Piotta. Wie auf der Nordseite ist auch im Tessin der Regionalverkehr fest in der Hand von Autobussen. Im Frühsommer zeigen sich die Wiesen in leuchtender Blumenpracht, während die Gipfel ein Hauch frisch gefallenen Schnees ziert. Eine 460 führt ihren Schnellzug von Locarno nach Basel (oben links). Im Winter zeigt sich die Region völlig verändert. Schneepflüge haben die Trasse befahrbar gemacht. An bestimmten Stellen sind Sicherungsposten aufgestellt, die gefährliche Berghänge stets im Blick haben, denn an einigen Tagen ist die Lawinengefahr besonders groß. Ein KV-Zug aus Köln-Eifeltor rollt in Richtung Süden (Mitte).
Sobald der Schnee gewichen ist, sieht man an der gesamten Strecke zahlreiche Bautrupps, die an der Trasse arbeiten. Erfreulich ist auch, dass Strauch- und Buschwerk laufend entfernt werden, was sowohl Reisenden als auch Fotografen freie Sicht auf die Landschaft bzw. auf die Züge ermöglicht (unten links).

Rechts: Zwischen Ambri-Piotta und Rodi-Fiesso beschreibt die Strecke einen weiten Bogen. Im November 2013 entstand diese Aufnahme.

kamen 1972 vier Prototypen ins Rollen, von denen zwei einen geteilten Lokkasten erhielten, denn die Techniker wollten herausfinden, wie sich eine optimale Kastenabstützung bei einer Lokomotive mit drei Drehgestellen erreichen ließe. Schließlich war das Besondere an der „Neuen", dass sie nicht wie die Ae 6/6 über zwei dreiachsige Drehgestelle (Achsfolge Co'Co'), sondern über drei zweiachsige (Bo'Bo'Bo') verfügte. Nach zahlreichen Probefahrten wurde der einteilige Lokkasten gewählt. Die Bestellung der Serienloks erfolgte zwischen 1973 und 1976. Bis auf die im Februar 1990 in Saxon verunglückte und ausgemusterte 11638 sind von den 89 gebauten Re 6/6 alle noch bei SBB Cargo im Dienst. Vor der Aufteilung auf die einzelnen Geschäftsfelder waren viele Schnellzüge am Gotthard und Lötschberg mit den 120 Tonnen schweren und fast 8000 kW starken Kraftpaketen bespannt. Heute fahren sie ausschließlich vor Güterzügen.

Mitte links: Ein Kesselwagenzug bei Ambri-Piotta auf der Bergfahrt.

Mitte rechts: Talwärts ist ein Zug der Cisalpino AG auf dem Weg nach Milano Centrale. Neben mehrfachgesteuerten Re 4/4 II kamen auch 460er zum Einsatz.

Unten links und rechts: Beide Motive zeigen die Ausfahrt aus dem 1568 m langen Freggio-Kehrtunnel im Dazio Grande. Diese Passage bildet den ersten Höhepunkt auf der Gotthard-Südrampe. Fotografieren kann man diesen Abschnitt fast ganzjährig, außer im Hochwinter, da die Sonne dann kein Licht spendet und der Zugang äußerst schwer ist. Über den 74 m langen Artoito-Tunnel führt ein Pfad, von dem aus man gut fotografieren kann. Vor beiden Schnellzügen ist jeweils eine Re 6/6 bei der Arbeit.

Rechte Seite: Nach dem Bahnhof Rodi-Fiesso (942 m ü. M.) passieren die Züge zunächst den 354 m langen Dazio-Tunnel. Dessen Portal wurde mit Betonteilen verstärkt. Auch für dieses Bild, entstanden im September 2004, wurde der Artoito-Tunnel als erhöhter Standort genützt. Unten in der engen Schlucht, die noch im Schatten liegt, verläuft die Straße talwärts.

cargo
421 375-7

Wilde Biaschina

Dem Flusslauf des Ticino folgend steigt die Trasse bis Bellinzona hinab

Die Züge verlassen das Dazio Grande auf dem 103 m langen Polmengo-Viadukt. Wie die übrigen Gotthardbahn-Brücken war auch dieses Bauwerk ursprünglich als Eisenfachwerk-Balkenbrücke ausgeführt worden. Steigende Zuggewichte erforderten Mitte des 20. Jahrhunderts jedoch eine Anpassung der Kunstbauten. So wichen die einstigen Fachwerk-Brückenträger schlichten Stahlbeton-Balken oder neu gebauten Bogenbrücken aus Stahlbeton, die mit Mauersteinen verkleidet wurden und sich dadurch optisch gut in die Landschaft einfügen.

Zwischen Airolo und Biasca trägt das Ticino-Flusstal den Namen Leventina. Faido ist der Hauptort dieser Region, die bis zur nächsten Geländestufe hinter Lavorgo relativ unspektakulär trassiert ist. In Faido finden sich sowohl mit Schnitzereien verzierte Holzbauten (16. Jhd.) als auch typische Tessiner Steinhäuser. Sehenswert ist die 1608 erbaute Klosterkirche San Francesco. Auf der Etappe Lavorgo (615 m ü. M.) – Giornico (420 m ü. M.) verengt sich das Tal erneut, hier in der „Biaschina" steigt die Trasse über zwei schleifenartig nebeneinander liegende Kehrtunnels in den untersten Abschnitt der Leventina hinab. Die Eisenbahn teilt sich den Raum mit der Kantonsstraße und der Autobahn. Zu den beeindruckendsten Kunstbauten zählen hier neben den beiden Spiraltunnels der Pianotondo-Viadukt, dessen aus Natursteinen gemauerte Gewölbereihe sich harmonisch an das Gelände schmiegt, und die Obere Ticino-Brücke, deren Bogen sich knapp 36 m weit über den Fluss spannt. Die beiden Ortsteile des südländisch geprägten, rund 1000 Einwohner zählenden Dorfes Giornico erstrecken sich beidseits des Ticino und werden durch zwei römische Brücken verbunden. Mehrere interessante Kirchen prägen das Ortsbild. Zwei davon stehen unweit der Gotthardbahn-Trasse. Sie wurden beide im romanischen Stil errichtet: San Michele mit ihrem hohen Glockenturm und die früher zu einem Kloster gehörende San-Nicolao-Kirche. Letztere stammt aus dem frühen 12. Jahrhundert. Ihre Apsis ist mit spätgotischen Fresken geschmückt. Stattliche alte Steinhäuser finden sich im Dorfzentrum, darunter die Casa Stanga. Das Gebäude beherbergt heute das volkskundlich ausgerichtete Museo di Leventina. Giornico ist ein geschichtsträchtiger Ort. Hier siegten die eidgenössischen Truppen 1478 in der Schlacht von Giornico über die Mailänder. Die Umgebung Giornicos ist durch den Eisenbahn-Wanderweg auch für bahntechnisch interessierte Wanderer erschlossen worden. Eine weitere Route führt durch das Dazio Grande.

Bei Biasca, keine zehn Kilometer von Giornico entfernt, hat die Gotthardbahn nach weiterer Gefällefahrt eine Höhe von 292 m ü. M. erreicht. Die steigungsreiche Südrampe endet hier. Bis Bellinzona (241 m ü. M.) geht es nun zügig im breiten Flusstal des Ticino dahin. Biasca ist ein Kreuzungspunkt mehrerer Gebirgstäler. Hier treffen die Leventina und zwei weitere Täler aufeinander: das nach Nordosten verlaufende Val Blenio und das bis Bellinzona reichende Rivieratal, welches von Rebhängen und südlicher Vegetation geprägt ist. Bei Castione-Arbedo, kurz vor Bellinzona, zweigt das Misoxer Tal zum Sankt-Bernhard-Pass ab. Hier betrieb die RhB bis 2003 eine meterspurige Bahnstrecke, die leider nicht als Museumsbahn erhalten blieb. Bellinzona, seit 1878 Kantonshauptstadt des Tessin, kann auf eine alte Siedlungsgeschichte zurückblicken. Schon die Römer, die das Gebiet in den Jahren 30 bis 450 n. Chr. beherrschten, hatten dessen strategisch wichtige Lage erkannt. Die Mailänder Herzöge befestigten die Stadt im 13. Jahrhundert mit mehreren Wehranlagen. Schwere Güterzüge, die über den Monte Ceneri fahren, erhalten in Bellinzona eine Schiebelok. ▼

Eine solche Kooperation war lange Zeit kaum vorstellbar: Die 421 375 der SBB Cargo hilft einem TX-Logistik-TAURUS als Vorspannmaschine über den Gotthard. Für beide Seiten war dies wohl eine vernünftige Zwischenlösung: TX, Frachtführer dieser HUPAC-Leistung, benötigte keine zweite Lok in Erstfeld, und SBB Cargo hat sich die Dienste sicherlich in harten Franken bezahlen lassen. Eben wurde der Polmengo-Viadukt bei Faido erreicht. Die SBB-Lok wird bis Bellinzona am Zug bleiben, der via Luino rollt, wo ein Lokwechsel auf eine FS-Type vorgenommen wird. Ziel dieses KV-Zuges ist Gallarate (November 2006).

Der Polmengo-Viadukt über den Ticino lässt sich aus vielen Positionen fotografieren. Am frühen Vormittag liegt das Bauwerk im Streiflicht. Nur drei Wagen bilden die Last für diesen Güterzug (**Mitte links**). Die Eisenträger der Brücke wurden 1956 durch einen Stahlbetonbogen mit je zwei Sparbögen ersetzt. Wie bei allen neuen Bogenbrücken wurden auch bei dieser die Sichtflächen verkleidet, hier mit Tessiner Granit.

Mitte rechts: Interessant ist die Streckenführung kurz vor dem Polmengo-Viadukt: Das rechte Gleis liegt offen, während das den bergwärts fahrenden Zügen dienende im 43 m langen Boscerina-Tunnel verschwindet. Ein IR ist auf der Fahrt nach Locarno.

Unten: Nur wenig Wasser fließt hier talwärts. Ein EC mit Panoramawagen fährt in Richtung Bellinzona. Noch rollen zumindest in den IR-Zügen die beliebten Aussichtswagen mit, von denen die SBB 1991 zwölf Exemplare beschafften, die zwischenzeitlich alle modernisiert wurden. Seit über 20 Jahren stehen die Panoramawagen für komfortables Bahnreisen in den Sonnenkanton Tessin. Das sollte auch nach 2016 so bleiben.

Rechte Seite: Die Ae 6/6 11437 bringt einen Zementzug zur Basistunnel-Baustelle.

Es war der 4. September 1952, als die Ae 6/6 11401 das Fabrikgebäude der Brown Boverie & Cie. (BBC) in Münchenstein für eine Probefahrt nach Zürich erstmals verließ. Sie wurde gewogen – und war um vier Tonnen zu schwer (vorgesehen waren 120 Tonnen). Die Techniker mussten noch einmal ran. Am 31. Januar 1953 folgte die Ae 6/6 11402. Das Pflichtenheft verlangte die Beförderung von 600 Tonnen schweren Zügen bei 75 km/h auf den Gotthard-Rampen und eine elektrische Rekuperationsbremse, die das Eigengewicht der Lok samt Anhängelast von 300 Tonnen in einem Gefälle von bis zu 20 ‰ dauerhaft abbremst. Die Maschinen erfüllten die Anforderungen. Nur die schwache elektrische Bremse wurde bemängelt und für die Serienproduktion optimiert. Die beiden Prototypen, stationiert in Erstfeld, kamen sogleich auf der Gotthardbahn zum Einsatz. Der Serienbau begann 1954, und ab 1955 erfolgten die ersten Auslieferungen.

Mitte: Gleich wird der Bahnhof Faido erreicht sein. Werktags fahren meist einige Züge mit Kies und Sand ins Tessin. Nur mehr zwei Re 6/6 zeigen sich im grünen Farbkleid. Neben der 11646 ist dies die 11663. Aber auch sie war im Frühjahr 2014 nicht mehr im Ursprungszustand, was die UIC-Steckdose unterhalb des oberen Spitzenlichts und die entsprechenden Haltegriffe bestätigen. Der Zug verlässt den Polmengo-Tunnel (304 m).

Unten links: Sonderfahrten des TEE „Gottardo" sind bei Mitfahrern und auch Fotografen beliebt. Während des Jubiläums „125 Jahre Gotthardbahn" im September 2007 war der Zug natürlich auch mit von der Partie.

Unten rechts: Die Re 4/4 II 11228 fuhr eine Zeit lang als Werbebotschafterin für das Reisebüro Kuoni. Hier ist sie zwischen Faido und Lavorgo zu sehen.

Rechte Seite: Kurz vor der über den Tessin führenden, 103 m langen Polmengo-Brücke werden die beiden Streckengleise getrennt geführt. Das linke, den talwärts fahrenden Zügen dienende, liegt hier frei, während der linke Schienenstrang in den Boscerina-Tunnel mündet, dann kurz ans Licht kommt und in den spiralförmig angelegten Prato-Tunnel (1560 m) taucht. Der Winner-Zug schlängelt sich talwärts (10. April 2014).

SBB CFF FFS

Linke Seite oben: Ein Sommertag im Juli 2009. Während sich am Alpenhauptkamm noch dicke Wolken tummeln, sorgt der Nordwind bei Faido schon für Sonnenschein.

Linke Seite unten: Ein ETR 470 der FS hat den Polmengo-Tunnel und die gleichnamige Brücke passiert und strebt nun nordwärts dem Boscerina-Tunnel zu. Die Aufnahme entstand am frühen Vormittag (links). Ehe es Richtung Süden in den 1560 m langen Prato-Kehrtunnel geht, wurde der 276 m lange Pardorea-Tunnel passiert (rechts).

Mitte links und rechts: An fast gleicher Stelle entstanden diese beiden Aufnahmen, allerdings zu verschiedenen Jahreszeiten. Der Frühling startet bei Chiggiogna bereits Ende März mit der Blüte erster Mandel- und Kirschbäume. Ein gemischter Güterzug der deutschen Güterbahn ist auf der Fahrt nach Chiasso. Im Herbst lässt sich noch bis weit in den November hinein das Farbenspiel der Vegetation beobachten. Besonders schön wirkt dann der erste Schnee auf den Gipfeln.

Unten: Tage mit geschlossener Schneedecke sind hier im Süden eher selten. Drei Re 4/4 II bremsen einen schweren Stahlzug nach Italien talwärts (Februar 2014).

Links: Es gibt nicht viele Standorte, von denen aus sich auch die über 500 m langen Güterzüge zur Gänze abbilden lassen. Auch hier ist nicht der ganze Zug auf dem Chip der Canon 5D Mark III gespeichert worden. Die engen Radien der Streckenführung machen es leider unmöglich. Dennoch gelang es, auch die Schiebelok aufs Bild zu bekommen – ein weiteres Motiv mit dem Winner, der uns nun zum vierten und letzten Mal in diesem Buch begegnet. Landschaftsaufnahmen auf der Südseite haben im Frühling ihren besonderen Reiz. Kirschen blühen sogar in Lagen von gut 600 m ü. M. und ergeben mit dem zarten Grün im Umfeld einen schönen Kontrast. Der Winter 2013/14 war im Süden sehr schneereich. An vielen Orten wurden Rekordhöhen gemessen. So lag die weiße Pracht auch noch am 11. April 2014 an den Berghängen.

Rechts: Sehr abwechslungsreich gestaltet sich die Bespannung des Stahlzuges der BLS, der von Emmenbrücke bis nach Lecco (Gardasee) verkehrt. Neben den TRAXX-Loks kommen die braunen Re 4/4 (425) zum Einsatz. 2014 versahen auch die von Railpool angemieteten 187er den Dienst. An der Zugspitze der Doppeltraktion arbeitet die 187 004. Fotografiert wurde bei Lavorgo.

Inzwischen hat Bombardier die dritte Generation der TRAXX-Familie, die Baureihe 187, ins Rollen gebracht. Präsentiert wurde sie erstmals im Mai 2011 auf der Transport und Logistik in München. Das Besondere dieser für 15 kV 16,7 Hz und 25 kV 50 Hz Wechselstrom ausgerüsteten Lok ist der 180 kW starke Dieselhilfsmotor. Damit können auch Streckenabschnitte ohne Fahrleitung, wie z. B. Gleisanschlüsse, erreicht werden. Mit Hilfe des Dieselmotors funktionieren alle vier Fahrmotoren; die Anfahrzugkraft ist dabei genauso hoch wie bei elektrischem Betrieb. Selbst ein 2000 Tonnen schwerer Zug kann noch auf 40 km/h beschleunigt werden. An den Seitenflächen der Baureihe 187 befindet sich eine Einspann-Vorrichtung für Planen, auf denen Werbung angebracht werden kann. Erster Interessent war Ende 2010 der Fahrzeugvermieter Railpool mit fünf bestellten Loks. Davon sind drei Maschinen an BLS Cargo vermietet und auch am Gotthard im Einsatz.

Oben: Ein gemischter Güterzug mit typischer Traktion ist auf der Bergfahrt. Es führt die Re 6/6 11686 „Hochdorf". Eben wird der 58 m lange Fontanella-Viadukt befahren.

Mitte: Der 111 m lange Pianotondo-Viadukt (acht Bögen), ursprünglich eine Fachwerk-Balkenbrücke, wurde 1919 mit Natursteinen neu errichtet. Eben erreicht ein talwärts fahrender EC das Bauwerk, nachdem er den 466 m langen Lume-Tunnel passiert hat. Die Autobahn quert das Tal auf einer mächtigen Betonbrücke.

Unten: Der Pianotondo-Kehrtunnel mit einer Länge von 1508 m liegt bereits hinter diesem InterRegio nach Locarno.

Rechts: Kurz vor dem Travi-Kehrtunnel (1547 m) wird der gleichnamige Viadukt befahren. Er überbrückt zwei Bäche, die in den Ticino münden. Die Mittlere Stufe der Biaschina ist somit erreicht. Eine Orientierung ist hier für diejenigen, die erstmals den Zügen ihre Aufmerksamkeit schenken, nicht so einfach. Ähnlich dürfte es den Reisenden an Bord gehen. Den Lesern dieses Buches helfen die Karten auf dem Vor- und Nachsatz sowie das Verzeichnis der Tunnels und Brücken am Ende des Buches.

Seit 1967 gibt es die Firma HUPAC. Ihr Sitz ist in Chiasso. Anfangs bescheiden agierend, ist sie heute eine der ersten Adressen, wenn es um den KV in Europa geht. Die HUPAC unterhält Terminals in Gallarate, Singen oder Antwerpen. Zudem verfügt sie über rund 4000 eigene Wagen. Das Geschäftsmodell ist erfolgreich. So konnten im Geschäftsjahr 2013 Umsatz und Gewinn gesteigert werden. Mit der Inbetriebnahme des Gotthard-Basistunnels im Dezember 2016 verbessern sich die Rahmenbedingungen für den KV im Alpentransit Schweiz. Dank der neuen Flachbahn sinken die Kosten (z. B. Wegfall der Mehrfachtraktion). Doch die gesamte Nord-Süd-Verkehrsachse wird erst nach 2020 voll leistungsfähig sein, wenn der Ceneri-Basistunnel eröffnet sein wird und der Korridor dem Vier-Meter-Profil angepasst sein wird. Bis 2017 sollte wenigstens eine erste Achse bis zu den Terminals in Norditalien für Zuglängen von 750 m fertig gestellt sein. Ermöglicht ▶

Unten: Die unterste Stufe der Biaschina ist mit der Oberen Ticino-Brücke erreicht. Diese quert mit ihren beiden, zueinander leicht versetzten Bögen, auf denen jeweils ein Gleis liegt, den gleichnamigen Fluss. Ihre Länge beträgt 60 m. Ein gemischer Güterzug ist auf der Talfahrt, gezogen von einer Re 6/6. Der Oktober 1989 wartete mit einigen Traumtagen auf, die den Besuch am Gotthard geradezu vergoldeten.

Rechte Seite Mitte: Zwei BLS-Maschinen haben eben mit ihrem KV-Zug nach Deutschland den Travi-Kehrtunnel verlassen. Oberhalb des Portals sind allerlei Hangverbauungen zu erkennen.

Rechte Seite unten: Bei Niedrigwasser bieten sich große Steine im Flussbett des Ticino als Standort für Fotografen an. An der Spitze des südwärts laufenden EC arbeitet die Re 6/6 11640 „Münchenstein". Gleich nach der Lok ist ein Eurofimawagen der SBB eingereiht. Von den 1.-Klasse-Wagen wurden insgesamt 20 Exemplare in Dienst gestellt. Das Projekt „Verkauf und Refit von 15 Eurofima-Reisezugwagen Am 61" der SBB an die Deutsche Bahn (DB AG) endete im November 2011. Lediglich zwei Am 61 gingen nach Deutschland. Den Am 61 85 19-90 515 hat sich SBB Historic 2012 gesichert.

werden sollte dies dank eines entsprechenden Verkehrsabkommens zwischen der Schweiz und Italien, das auch die Finanzierung des Ausbaus regelt. Das HUPAC-Terminal Gallarate ist übrigens schon für 750 m lange Züge ausgelegt. Das Logistik-Unternehmen will seine Pionierrolle im Hinblick auf nachhaltigen, lärmarmen Bahngüterverkehr weiter ausbauen. Bereits in den 1990er Jahren zeigte sich HUPAC als Vorreiter bei der Entwicklung der Flüsterbremse, durch die sich der wahrgenommene Lärm bei konventionellen Güterwagen etwa zur Hälfte reduzieren lässt. Seit 2001 rüstet das Unternehmen seinen Waggonpark systematisch um. Ende 2013 waren 93 % der eigenen Bahnwagen mit Bremsen aus einem lärmarmen Kunstharz-Verbundstoff ausgestattet. Ab 2016 sollen alle HUPAC-Züge leiser verkehren. Für die folgenden Jahre rechnet der Kombiverkehrs-Operateur mit einer stabilen, leicht steigenden Verkehrsentwicklung.

Der 27. Oktober 1989 war ein strahlender Spätherbsttag im Tessin. Die lange Trockenheit hatte leider keine leuchtenden Herbstfarben zugelassen. Lediglich die Reben zeigten ein fast schon verschwenderisches Farbenspiel. Hier wird natürlich künstlich bewässert. Der damalige Wein-Jahrgang war ein sehr guter und dürfte wohl schon zur Gänze konsumiert worden sein. Bei den SBB war damals die Farbe Grün noch dominant.

Auf der Südrampe gab es sogar Regionalzüge, die mit einer Re 4/4 I als Wendezüge unterwegs waren (unten, in Giornico). Das italienischsprachige Tessin erfreut sich eines sonnigen Klimas, das stark vom Mittelmeer beeinflusst wird. Zum nördlichen Teil des Kantons, dem Sopraceneri, gehören der dicht besiedelte Bereich zwischen Bellinzona und dem Lago Maggiore sowie Gebirgstäler, die teils bis hoch in die Alpen reichen. Die Hauptorte des südlich gelegenen Sottoceneri sind Chiasso, Lugano und Mendrisio; die Regionen Castel San Pietro und Morbio gehören ebenfalls dazu. Im Tessin sind fast 90 % der Rebflächen mit Merlot bestockt, der in günstigen Lagen eine echte Konkurrenz für Bordeaux-Rotweine darstellt. Der Merlot Bianco, ein Weißwein, der immer mehr an Beliebtheit gewinnt, wird übrigens auch aus der Rebsorte Merlot gewonnen.

Unten: Gleich wird dieser von der Ae 8/14 11801 gezogene Fotogüterzug Biasca erreichen. Die mächtige, 34 m lange Doppellok (Dienstgewicht 240 t) zählt heute zu den betriebsfähigen Maschinen von SBB Historic. Sie ist in Erstfeld beheimatet. Ihre Entwicklungsgeschichte liest sich spannend. Um die umständlichen Vorspanndienste bei schweren Schnell- und Güterzügen am Gotthard reduzieren zu können, bestellte man 1929 drei Prototypen. Die 11801 wurde 1931 gleich dem Depot Erstfeld zugeteilt. Kurzfristig war sie dann auch in Bellinzona stationiert, ehe sie 1977 aus dem aktiven Dienst schied. Dank umfangreicher Restaurierung wurde sie 1982 im Jubeljahr „100 Jahre Gotthardbahn" eingesetzt. Nach diversen Problemen ist sie seit Juni 2014 wieder betriebsfähig und nimmt an Fitnessfahrten in Erstfeld teil.

Rechts: Spätherbst bei Biasca, das den Endpunkt der Südrampe darstellt, denn die nun folgende Strecke bis Bellinzona kann weder einen ordentlichen Steigungswert (maximal 9 ‰) noch besondere Kunstbauten aufweisen. Eine Re 6/6 zieht einen langen EC aus Milano Centrale, den sie in Chiasso übernommen hat, in Richtung Gotthard. Zwölf oder mehr Schnellzugwagen waren hier an der Tagesordnung.

Mitte: In einer bemerkenswerten Aktion legte der Modellbahnhersteller Märklin die Swiss-Collection auf. Fünf unterschiedlich gestaltete Kunstlokomotiven, alle auf Basis einer Re 460, erfreuten Modellbahner und Fotofreunde gleichermaßen. Am 25. August 2001 wurde die 460 033, auf der eine Tunnelbohrmaschine zu sehen ist, feierlich präsentiert. Das kleine Fest fand in Biasca statt. Ein Extrazug, den auch die BLS-465 001 mitziehen durfte, verließ noch am selben Abend den Ort des Geschehens in Richtung Gotthard.

Unten links: Einen weiteren Sonderzug hatten die beiden Ae 6/6-Prototypen am Haken, als sie bei Biasca erwartet wurden.

Unten rechts: Schnellzug bei Pollegio, gezogen von einer schmucken Re 6/6.

Rechte Seite oben: Ohne Halt hat dieser ICN Biasca durchfahren. Erst in Bellinzona wird er für einige Minuten einen Stopp einlegen. Ziel des Zuges ist Lugano. Reisende nach Chiasso nehmen dort eine S-Bahn.
Rechte Seite unten: Typische Nordföhnlage am Gotthard. Während im Nord- und Mitteltessin dicke Wolken stehen, zeigt sich der Süden wetterbegünstigt. Der Stahlzug nach Lecco ist eben in die Sonne gerollt.

2000
460 113-4

Wege nach Italien

Von Bellinzona aus geht es über Luino und Chiasso weiter in den Süden

Bis zum Jahr 2022 wollen die SBB ihre Loks der Serie Re 460 im Industriewerk Yverdon-les-Bains modernisieren: Für einen deutlich energieeffizienteren Betrieb werden neue, wassergekühlte IGBT-Stromrichter beschafft. Heute schon sind die Re 460 schienenschonend unterwegs und sparen damit Infrastruktur-Kosten. Die modernisierte Lokflotte spart dank der neuen Stromrichter und weiterer Maßnahmen jedes Jahr 27 Gigawattstunden Energie ein. Energieeffizienter wird die Lok auch durch einen neuen, leistungsoptimalen, ölfreien Doppelkompressor. Ein erster Prototyp der Re 460 hat, zunächst noch ohne den IGBT-Stromrichter, Ende 2014 das Werk verlassen. Nach der Sanierung des Kastens bekam die 460 084 einen neuen, glänzend roten Anstrich. Das Innere wurde komplett zerlegt, jede einzelne Komponente geprüft und wenn nötig saniert. Verbesserungen sind auch am Arbeitsplatz des Lokpersonals spürbar. So wird durch Optimierungen an der Klimaanlage und den Einbau eines neuen Heizgerätes Zugluft weitgehend vermieden. Auch die Neubepolsterung des Lokführerstuhls sorgt für ein angenehmeres Arbeiten. Damit die Lok ab 2016 durch den Gotthard-Basistunnel fahren darf, wird sie mit einer Brandmeldeanlage ausgerüstet. Im Güterverkehr werden die Maschinen leider nicht mehr zu sehen sein. Malerisch und eher an eine verträumte Modellbahn als eine dem internationalen KV-Verkehr dienende Strecke erinnernd, präsentiert sich die Luino-Linie bis heute. Ein 460-Tandem mit der 460 113 an der Spitze passiert eben den Ort Maccagno.

Zwei Strecken führen nach Italien. Die eine verläuft via Monte Ceneri (durch die Galleria Monte Ceneri I und II, 1675 bzw. 1692 m lang) sowie Lugano nach Chiasso zur schweizerisch-italienischen Grenze und weiter nach Milano. Auf ihr rollen Güter- und internationale Schnellzüge. Die andere folgt dem östlichen Ufer des Lago Maggiore über die Grenze nach Italien hinweg bis nach Luino. Hier verkehren nur Regionalzüge. Die Route ist allerdings für den internationalen Güterverkehr von großer Bedeutung, gelangen auf ihr doch die Züge des Kombinierten Verkehrs (KV), die in den europäischen Terminals gebildet werden, zum großen norditalienischen Umschlagbahnhof in Busto Arsizio bei Gallarate. Hier betreibt der schweizerische Kombiverkehrs-Operateur HUPAC AG eines seiner wichtigsten Terminals für den Güterumschlag von der Schiene auf die Straße und umgekehrt. Ein großer Nachteil ist die Eingleisigkeit der Lago-Maggiore-Strecke, daher wird immer wieder darüber diskutiert, ob ein anderer, neuer Standort für das HUPAC-Terminal nicht besser wäre. Lösungsansätze liegen auf dem Tisch. Sie werden wie immer kontrovers gesehen. Eine Entscheidung sollte aber in absehbarer Zeit getroffen werden, denn ohne weitere Terminals sind die prognostizierten alpenquerenden Verkehrsströme sicher nicht zu bewältigen.

Nach der Fertigstellung des neuen Ceneri-Basistunnels, dessen Betriebsbeginn von AlpTransit für 2019 avisiert ist, dürfte viel dafür sprechen, die Route nach Chiasso auch verstärkt für den Güterverkehr zu nutzen. Die Arbeiten sind im Plan, auch sichtbar an den südlich von Bellinzona (Magadinoebene) angelegten Zufahrten. Allerdings bedarf es noch großer Anstrengung, die Fortführung der Strecke auf italienischem Gebiet zu ertüchtigen. So wird das Lichtraumprofil der Strecke zwischen Chiasso und Milano – allein durch Italien finanziert – ebenfalls auf vier Meter erweitert.

Aus der Perspektive der Bahnreisenden gesehen, erschließen beide Wege nach Italien traditionsreiche Urlaubsregionen: Via Gotthardbahn gelangt man zu den mondänen Ferienorten am Lago Maggiore und Lago di Lugano. Gänzlich anders ist hier, auf der Südseite des Alpenhauptkammes, das Gepräge der Landschaften. Palmen zieren die Gärten und meist lacht die Sonne vom Himmel, während es auf der Nordseite regnet oder schneit. Der Nordföhn sorgt nicht selten für solche Wetterkontraste.

Südlich von Cadenazzo zweigt ein Streckenast Richtung Westen nach Locarno ab. Der alte Ortskern der Stadt lag einst direkt am Seeufer. Doch die vom Centovalli herabfließende Maggia brachte im Laufe der Jahrhunderte so viel Schwemmmaterial aus den Bergen in ihr Mündungsgebiet am Lago Maggiore mit, dass sich die Uferlinie bei Locarno seit dem Mittelalter stark in den See hinaus verschoben hat. Das neu gewonnene Land wurde später ebenfalls bebaut. Wer in der Altstadt Locarnos spazieren geht, dürfte sich daher wundern, warum die Seepromenade so weit entfernt ist.

Der östliche Streckenast der Gotthardbahn Richtung Chiasso berührt Lugano. Das dicht besiedelte Stadtgebiet erstreckt sich, teils in Hanglage, sonneverwöhnt am Ufer des gleichnamigen Sees. Lugano liegt zwischen zwei markanten Bergen: Monte Bré und Monte S. Salvatore. Eine Standseilbahn erschließt Letzteren als Aussichtspunkt und herrliches Wandergebiet. Einer der drei Arme des verzweigten Lago di Lugano windet sich um diese Bergregion herum. Die Gotthardbahn überquert den See bei Melide auf einem Damm. Ein beliebtes Motiv für Fotografen. Das ehemalige Fischerdorf Melide lockt auch mit der Swissminiatur, einer hübschen Parkanlage mit Nachbildungen berühmter Sehenswürdigkeiten und Eisenbahnen der Schweiz. ▼

Links: Magadino Vira liegt direkt am Ufer des Lago Maggiore. Ein Zug des KV ist auf der Fahrt in Richtung Luino und wird gleich die Viarabach-Brücke erreichen (16. April 1996). Im Hintergrund erkennt man Locarno.
Mitte: Ein Güterzug verlässt den 290 m langen Schwyz-Tunnel in Bellinzona. Das sehenswerte Stadtbild wird von drei herrlichen Burgen aus dem 15. Jahrhundert bestimmt, die eine Wehranlage bilden. Diese wurde aus strategischen Gründen errichtet: als Schutzriegel gen Süden und zur Kontrolle der Zugangswege zu den Alpenpässen. Die Burgen Castelgrande, Castello di Montebello und Castello di Sasso Corbaro sowie die Stadtmauer gehören seit dem Jahr 2000 zum Welterbe der UNESCO.
Unten: CIS nach Milano Centrale, gezogen von einer 484 der SBB. Die Aufnahme stammt vom September 2007.

San Nazzaro liegt direkt am Lago Maggiore. Der Campanile der Pfarrkirche Santi Nazzaro e Celso prägt das Ortsbild. Palmen säumen hier nicht nur die Strecke, die mittlerweile leider mit massiven Fahrleitungsmasten und einer Lärmschutzwand versehen wurde. Letztere ist angesichts immer leiser werdender KV-Züge aber nicht unumstritten, verstellt sie doch den Blick auf die schöne Landschaft. Nachhaltiger ist die Investition ins Rollmaterial: Neue Bremsklötze und verbesserte Rolleigenschaften dürften die Geräuschbelastung in der Nähe von Schienensträngen in Zukunft sicherlich deutlich vermindern (April 2001).

Rechte Seite oben und unten: In Maccagno steht ein gemauerter Viadukt, der am Nachmittag oft von Fotografen besucht wird, lassen sich hier doch die Züge aus beiden Richtungen im Bild festhalten. Die Giona ist die meiste Zeit über ein harmloser Fluss. Dass dies auch ganz anders sein kann, zeigt der mitgerissene Baum (Bild oben). Für die Führung der Cisalpino-Züge auf der Strecke Genf - Simplon - Milano Centrale wurden einige 484er beklebt. Nach dem Abzug aus diesen Diensten behielten sie eine Weile ihr Outfit und verkehrten zwischen Bellinzona und Gallarate mit KV-Zügen.

Am Ostufer des malerischen Lago Maggiore, in Italien auch Verbano genannt, verläuft die Fortsetzung der Gotthardbahn über Luino nach Gallarate durch sehenswerte Orte. Durch ihre günstige Lage erfreut sich die Region um den zweitgrößten der oberitalienischen Seen eines milden Klimas und sonniger Wetterlagen. Locarno und Ascona, am nordwestlichen Ufer gelegen, werden von Touristen überschwemmt, besonders in den Sommermonaten, wenn die Filmfestspiele stattfinden. Aber auch der italienische Teil des Lago Maggiore hält Sehenswürdigkeiten bereit, wie die berühmten Isole Borromee im Südwesten. Das Alto Verbano oberhalb des westlichen Ufers von Cannobio bis Verbania bietet ein weites Wanderwegenetz durch bezaubernde Landschaften. Die SBB bedienen die Strecke entlang des Ostufers über Pino, Maccagno und die Grenze bei Dirinella bis Luino. Hier übernehmen dann die Italiener den weiteren Weg in den Süden.

FERCAM
FERCAM
TXLOGISTIK
SIEMENS
www.dispolok.com
ES 64 U2 - 098

Fotostellen an der Strecke von Cadenazzo nach Luino und weiter nach Gallarate sind spärlich. Einige lassen sich bei Pino-Tronzano finden. Ab und an fühlen sich die italienischen Eisenbahner aufgerufen, der Vegetation zu Leibe zu rücken. Eine Säge im Gepäck hilft auch dem Fotografen mitunter, störendem Gesträuch entgegenzuwirken. Von einem Baum, auf dem ein Aussichtsfenster ausgeschnitten wurde, ergab sich ein guter Blick auf die Strecke (links). Die Sonne war auch rechtzeitig über die Hügel geklettert. Ihre Strahlen beleuchteten die Strecke mit den zierlichen, an Straßenlampen erinnernden FS-Fahrleitungsmasten. Schier deplatziert wirkt dabei die 182 598, die für TX-Logistik unterwegs war und ist, nun allerdings in schwarzer Farbgebung. In Luino übernimmt eine FS-Lok den Zug. Leider keine E 645 (unten), diese sind inzwischen ausgemustert. Auch hinter Luino führt die Strecke auf vielen Abschnitten am Ufer des Lago Maggiore entlang.

cargo
SBB CFF FFS Cargo
Re 484 020-3
BERTSCHI AG
DURRENA

Bei Dirinella liegt die Staatsgrenze zwischen der Schweiz und Italien. Die 484 020 hat den 1492 Tonnen schweren 42027 in Bellinzona übernommen und passiert die Grenze auf ihrer Fahrt am Lago Maggiore entlang nach Gallarate. Dort betreibt die HUPAC eines der modernsten Terminals in Europa. Mit Portalkränen werden die Ladeeinheiten umgeschlagen. Das ist Zentimeterarbeit, welche die erfahrenen Mitarbeiter hier vollbringen.

Mitte: Mit einem Schnellzug am Haken ist die Re 6/6 11662 auf Bergfahrt. Eben wurde Giubiasco passiert, das mit einer Höhe von 230 m ü. M zugleich den tiefsten Punkt der Gotthardbahn darstellt. Mit einer Steigung von 26 ‰ geht es nun bis zu den Ceneri-Tunnels stramm bergan.

Unten links: Zunächst führt die Strecke in einem weiten Bogen am Hang entlang und erlaubt dem Reisenden einen schönen Blick auf die Magadinoebene. Die 484 befördert einen kurzen Extrazug nach Italien.

Unten rechts: Am 14. April 2001 schleppte die Re 4/4 11117 einen langen Schnellzug bei Giubiasco bergwärts.

Rechte Seite: Die Strecke klettert meist in dicht bewaldeter Umgebung bergwärts.

Waren die Kunstbauten, bis auf wenige kurze Brücken, zunächst kaum augenfällig, so zeigen sich bis zu den beiden Ceneri-Scheiteltunnels nun doch einige bemerkenswerte Bauwerke. Dabei werden die beiden Richtungsgleise – das zweite Streckengleis war erst 1946 durchgängig befahrbar – auch getrennt geführt. Der Piantorino-Viadukt kommt auf eine Länge von 97 m und ist leider nur sehr schwer zugänglich.

Vergleicht man die Stirnfronten der Res miteinander, fällt als Erstes auf, dass die Re 6/6 ein höheres Dach hat. Nach erfolgreicher Indienststellung der Re 4/4 II war klar, dass die neue Re 6/6 letzterer Type in vielem entsprechen sollte, auch in puncto Fahrmotoren. Da jedoch eine Leistungssteigerung gefordert war, mussten neue Fahrmotoren entwickelt werden. Dabei stellte sich heraus, dass sich die für die Kühlung benötigte Luftmenge nicht über die vorgesehenen Luftansaugöffnungen zuführen ließ, die sich in den seitlichen Dachrundungen befanden. Neue Entwürfe sahen dort nun größere Bereiche vor und auch ein seitliches Düsengitter, das jedoch aus optischen Gründen verworfen wurde. So entschied man sich letztlich für eine Lösung mit größeren Luftansaugungen in den seitlichen Dachrundungen. Das hatte zur Folge, dass das Dach gut 110 mm höher ausfiel und die Re 6/6 somit eine bulligere Frontpartie erhielten.

Mitte: Vor kurzem hat der aus Chiasso kommende Schnellzug einen kurzen Halt in Melide eingelegt. Im Hintergrund ist der Seedamm zu sehen.
Unten links: An diese Züge wird man sich vielleicht auch weiter nördlich gewöhnen müssen, sollen sie doch bis Erstfeld fahren. Eigentlich wurden sie aber weniger für lange Strecken, sondern für den Verkehr auf recht kurzen Etappen im Tessin konzipiert.
Unten rechts: Ohne Halt hat der EC nach Milano Centrale Melide passiert. Gleich wird er über den gleichnamigen Damm rollen.

Rechte Seite oben und rechts unten: Hinter Lugano geht es am gleichnamigen See entlang. Der ETR 470 zeigt sich noch in der ursprünglichen Farbgebung. Gemischte Güterzüge der Deutschen Bahn, unterwegs nach Chiasso, sind hier ebenfalls anzutreffen. Jüngst wurden in diesem Bereich neue Fahrleitungsmasten aufgestellt.
Rechte Seite Mitte und unten links: Die Bauarbeiten am Ceneri-Basistunnel laufen planmäßig. Über 90 % des gesamten Tunnelsystems waren Anfang 2015 bereits ausgebrochen. Der geplante Termin für die Inbetriebnahme im Dezember 2019 bleibt das Ziel der AlpTransit Gotthard AG.
Fotos (2): AlpTransit

DB
185 145-0

Veteranen am Berg

Nach der Eröffnung des Basistunnels bleibt die Route über den Berg erhalten

Die Tage des Güter- und Fernverkehrs durch den Gotthard-Scheiteltunnel sind gezählt – zumindest in seiner bisherigen Form wird es ihn mit Inbetriebnahme des Basistunnels im Dezember 2016 nicht mehr geben. Die Bergstrecke am Gotthard, d. h. der Abschnitt zwischen jeweils nördlichem und südlichem Anbindungspunkt an die Basislinie bei Erstfeld und Pollegio, soll dann zwar weiterhin für den Interregio- und Tourismusverkehr genutzt werden, zur Erschließung beliebter Reiseziele und als Verkehrsmittel für die Bewohner der Gotthardgemeinden. Schwere, imposante Güterzüge werden aber von Ende 2016 an durch den Basistunnel geschickt, was für die weitere Nutzung der Gotthard-Bergstrecke einige Neuerungen und Umstrukturierungen mit sich bringen wird.

Grundsätzlich soll die Bergstrecke Teil des schweizerischen Eisenbahnnetzes bleiben. Durch Wegfallen des gewichtsmäßig erheblich schwereren Güterverkehrs erhoffen sich die Betreiber geringere Kosten für Unterhalt und regelmäßige Sanierung der Strecke, Letzteres soll zusätzlich in größeren Zeitabständen erfolgen als bisher. Falls in der Zukunft größere Investitionen notwendig würden, ergäbe sich daraus aber wohl eine Grundsatzdiskussion für oder gegen den Erhalt der Gotthard-Bergstrecke. Auch die seit 2009 ruhenden Überlegungen zu einer Kandidatur für das Weltkulturerbe der UNESCO will man aus diesem Grund nicht weiter vertiefen. Denn die UNESCO schreibt für alle Kandidaten vor, dass Bestand und Betrieb der kulturellen Einrichtung auf lange Sicht hin gesichert werden müssen. Im Jahr 2016 wird es eine Überarbeitung der „liste indicative" geben, also der Liste potenzieller Objekte eines jeden Mitgliedstaates, die sich für eine Kandidatur eignen würden. Dass die Gotthard-Bergstrecke darin enthalten sein wird, scheint momentan aber eher ungewiss. Die Betreiber wollen die Verkehrsentwicklung und Rentabilität der Bahninfrastruktur erst nach der Eröffnung des Ceneri-Basistunnels, also frühestens 2025, endgültig bewerten.

Es gibt über die UNESCO hinaus aber auch noch eine weitere Möglichkeit, um den Erhalt der Gotthard-Bergstrecke langfristig zu sichern. Dieses Unterfangen fiele eindeutig unter den Geltungsbereich des schweizerischen Bundesgesetzes über den Natur- und Heimatschutz. Dieses schreibt vor, dass bestimmte Kulturdenkmäler erhalten werden müssen, solange dies aus öffentlichem Interesse geboten ist. Die nächsten Jahre nach Eröffnung des Basistunnels werden dann zeigen, für wie schützenswert die Gotthard-Bergstrecke in der Schweiz angesehen wird. Auch aus wirtschaftlicher Sicht macht eine Erhaltung der Bergstrecke viel Sinn, vom kulturell wertvollen Status und besonderem Charme der Bahnlinie einmal abgesehen. Die Gotthardbahn soll vor allem Wintersportler in das geplante Schneesportzentrum bei Andermatt bringen und als Zubringer für den Glacier-Express fungieren. Gerade was den Tourismusbereich angeht, erhofft man sich für die Gotthard-Region steigende Passagierzahlen. Bleibt nur zu hoffen, dass sich Wintersportler künftig nicht vom erstarkten Franken abschrecken lassen und heimische Skigebiete den schweizerischen Alpen vorziehen.

Von der Umstrukturierung der Gotthard-Bergstrecke würden einige altgediente Veteranen der SBB sogar profitieren. Die eindrucksvollen Loks sind im Depot der SBB Historic in Erstfeld beheimatet und könnten mit Eröffnung des Basistunnels die Bergstrecke erobern. Dann würden die historischen Fahrzeuge neben dem regulären Bahnbetrieb verkehren und ihren Teil dazu beitragen, dass die spektakuläre Bergstrecke weiterhin Eisenbahnfreunde aus aller Welt an den Gotthard lockt. ▼

Extrazüge mit Gotthard-Klassikern wie dem Krokodil und der Ae 8/14 könnten nach der Eröffnung des Basistunnels regelmäßig die Bergstrecke befahren. Es gäbe genügend Chancen für neue Konzepte. SBB Historic wird sicherlich im Rahmen der gegebenen Möglichkeiten versuchen, hier allen Interessen gerecht zu werden. Die Kostenfrage wird natürlich nicht ganz unwichtig sein.

Oben links: Ab und an ist der Orient-Express auf seiner Fahrt von London nach Venedig am Gotthard zu sehen. Nach der Eröffnung des Basistunnels stünden reichlich Trassen zur Verfügung, sodass dieser Zug eigentlich öfter den Gotthard befahren könnte.
Oben rechts: Regelmäßig ist der BDe 4/4 1646 von Erstfeld aus unterwegs. Dabei werden Führerstandsmitfahrten für Kleingruppen angeboten.
Mitte links: Der Rote (Doppel-)Pfeil, einer der beliebtesten Veteranen der Schweiz. Auf der Schweizer Landesausstellung 1939 erstmals präsentiert, erhielt der Zug seinen Spitznamen „Churchill“ 1946, als der damalige britische Premier Winston Churchill mit ihm durch die Schweiz reiste.
Mitte rechts: Fotogüterzüge mit dem Erstfelder Krokodil wären eine weitere Attraktion, die bestimmt viele Eisenbahnfreunde sogar gebührenpflichtig gerne annehmen würden.
Unten links und rechts: Auch Dampfzüge hätten wieder bessere Chancen.
Rechte Seite oben: Die beiden bestens gepflegten Re 4/4 I passen ebenfalls wunderbar auf die Gotthardroute.
Rechte Seite unten: Die Ae 6/6, von der in Erstfeld zwei Maschinen betriebsfähig hinterstellt sind, dürfte auch nicht fehlen.

10034

SBB CFF
FFS

Kunstbauten

Erstfeld

Evibach-Brücke, Spannbetonbalken, 38 m
Selderbach-Brücke, Stahl, 15 m
Kirchbach-Brücke, Stahl, 11 m

Amsteg-Silenen

Windgällen-Tunnel 183 m
Kerstelenbach-Brücke, Stahlverbund, 127 m lang, 53 m hoch
Bristen-Tunnel 709 m
Intschireuss-Brücke, Spannbetonbalken, 121 m lang, 77 m hoch
Intschi-Tunnel 88 m
Intschialpbach-Brücke, Betongewölbe, 48 m
Zgraggental-Brücke, Spannbetonbalken, 90 m
Zgraggen-Tunnel 88 m
Breiten-Tunnel 51 m
Meitschliger-Tunnel 74 m
Meitschliger-Viadukt 53 m
Säcken-Viadukt, Gewölbe, 124 m
Aescheribach-Lawinengalerie 48 m
Märchlisgraben-Galerie 25 m

Gurtnellen

Gornerbach-Brücke, Stahlbeton, 11 m
Häggrigerbach-Galerie 32 m
Pfaffensprung-Kehrtunnel 1476 m
Muhren-Tunnel 53 m
Häggrigerbach-Brücke, Betongewölbe, 29 m
Kohlplatzbach-Brücke, Stahlbeton, 11 m
Mühle-Tunnel 88 m
Untere Meienreuss-Brücke, Betongewölbe, 60 m
Kirchberg-Tunnel 300 m
Untere Wattinger Brücke, Betongewölbe, 35 m
Wattinger-Kehrtunnel 1084 m
Obere Wattinger Brücke, Betongewölbe, 43 m
Rohrbach-Tunnel 230 m

Wassen

Mittlere Entschigtal-Galerie 185 m
Mittlere Meienreuss-Brücke, Betongewölbe, 122 m (Bild rechts)
Strahlloch-Tunnel 40 m
Strahllochbach-Brücke, Gewölbe, 30 m
Leggistein-Kehrtunnel 1088 m
Obere Meienreuss-Brücke, Betongewölbe, 54 m
Meienkreuz-Tunnel 78 m
Obere Entschigtal-Galerie 103 m
Kellerbach-Brücke, Betongewölbe, 70 m
Rohrbach-Brücke, Betonbau, 89 m
Naxberg-Tunnel 1570 m
Steinkehle-Brücke, Gewölbe, 15 m
Ahornkehle-Brücke, Gewölbe, 15 m
Göschenen-Reuss-Brücke, Gewölbe, 56 m

Göschenen

Gotthard-Reuss-Brücke, Stahlbeton, 23 m
Gotthard-Tunnel 15.003 m

Airolo

Dragone-Aquädukt 9 m
Stalvedro-Brücke, Betongewölbe, 101 m
Stalvedro-Tunnel 196 m

Ambri-Piotta

Lagasca-Brücke 10 m

Rodi-Fiesso

Boscerina-Brücke, Gewölbe, 11 m
Dazio-Grande-Viadukt, Gewölbe, 43 m
Dazio-Tunnel 354 m
Artoito-Tunnel 74 m
Freggio-Kehrtunnel 1568 m
Freggio-Brücke, Gewölbe, 18 m
Monte-Piottino-Tunnel 147 m
Pardorea-Tunnel 276 m
Prato-Kehrtunnel 1560 m
Boscerina-Tunnel 43 m
Polmengo-Viadukt, Betongewölbe, 103 m
Polmengo-Tunnel 304 m
Ceresa-Brücke, Stahl, 19 m

Faido

Formigaro-Brücke, Spannbetonbalken, 24 m
Ladro-Aquädukt 8 m
Gruarescio-Brücke, Spannbetonbalken, 29 m
Scarettabach-Brücke, Gewölbe, 12 m

Lavorgo

Fontanella-Tunnel 58 m
Lume-Tunnel 466 m
Pianotondo-Viadukt, Gewölbe, 111 m
Pianotondo-Kehrtunnel 1508 m
Tourniquet-Tunnel 72 m
Travi-Viadukt, Gewölbe, 40 m
Travi-Kehrtunnel 1547 m
Obere Ticino-Brücke, Gewölbe, 60 m

Giornico

Untere Ticino-Brücke, Spannbetonbalken, 119 m

Bodio

Vallone-di-Bodio-Brücke, Gewölbe, 29 m
Brenno-Brücke, Spannbetonbalken, 68 m

Biasca

Crocetto-Tunnel 275 m
Giustizia-Tunnel 64 m
Nala-Brücke, Stahl, 15 m

Castione-Arbedo

Mosea-Brücke, Stahl, 85 m
Calanchini-Brücke, Stahl, 14 m

Zeittafel

1847
Entwurf einer schweizerischen Nord-Süd-Alpentransversale via Lukmanier.

1852
Erster Gotthardbahn-Entwurf durch Gottlieb Koller, Leiter des eidgenössischen Eisenbahnbüros (in der Folge heftige Diskussionen zwischen Befürwortern der Lukmanier- und der Gotthardlinie).

19. August 1853
Gründung eines Gotthardkomitees, das sich aus Regierungsvertretern von neun Kantonen zusammensetzt, darunter Basel, Luzern, Uri, Schwyz, Ob- und Nidwalden. Wichtige technische Impulse durch den Bau der Semmeringbahn und der Mont-Cenis-Linie. Ausarbeitung einer Linienführung Flüelen – Lago Maggiore durch den Zürcher Ingenieur Kaspar Wetli (1822–1889).

7. August 1863
Gründung der Gotthard-Vereinigung unter Einbeziehung des Kantons Tessin. Vorsitzender wird der einflussreiche Zürcher Bankier und Nationalrat Alfred Escher (1819–1882). Auf der Grundlage der von Koller und Wetli vorliegenden Projekte erarbeiten der Stuttgarter Ingenieur K. Beckh und Robert Gerwig (1820–1885), Erbauer der Schwarzwaldbahn, eine Gotthard-Linienführung.

1865
Italienische Experten überzeugen die Lukmanier-Anhänger vom Gotthard-Projekt. Werbung für das Projekt bei den Nachbarstaaten.

15. September 1869
Einberufung einer Gotthard-Konferenz in Bern, Genehmigung eines Staatsvertragsentwurfes mit Italien und dem Deutschen Reich.

1870
Die Schweiz ratifiziert den Staatsvertrag über den Bau einer Gotthardbahn.

1871
Staatsvertrag mit Italien und dem Deutschen Reich. Bereitstellung von 85 Mio. Franken.

6. Dezember 1871
Gründung der Gotthardbahn-Gesellschaft (GB) mit Sitz in Luzern. Bauleitender Ingenieur wird Robert Gerwig.

13. September 1872
Von Airolo und Göschenen aus beginnen die Bauarbeiten am Gotthard-Tunnel.

1876/1877
Kostenklärung und Krise. Das veranschlagte Baukapital (187 Mio. Franken) reicht nicht. Die Aktienkurse stürzen ab. In der Folge Verzicht auf den Doppelspurausbau, Zurückstellen einzelner Zufahrtslinien und Anhebung der Maximalsteigung auf 27 ‰. Italien, das Deutsche Reich und der Schweizer Bund (seit 1872 für das Eisenbahnwesen zuständig) leisten Subventionszahlungen.

1879
Arbeiten an den Zufahrtsrampen zum Gotthard-Tunnel werden forciert.

29. Februar 1880
Durchbruch des Gotthard-Scheiteltunnels, des längsten bisher gebauten Tunnels der Welt. Großes Medienecho.

23. Mai 1882
Die Gotthardbahn ist fertig. Feierlichkeiten in Luzern, Göschenen und Mailand.

1. Juni 1882
Aufnahme des planmäßigen Betriebs.

1. Mai 1909
Die SBB übernehmen die GB.

1918 bis 1922
Gotthardbahn erhält elektrische Fahrleitung. Ende des Dampfbetriebs. Loks der Baureihe Be 4/6 und die Krokodile Ce 6/8 II im Einsatz.

1938
Reihe Ae 8/14 erstmals am Gotthard. Lok 11852 damals stärkste der Welt.

1952
Zwischen 1952 und 1966 entstehen die 120 Tonnen schweren, sechsachsigen Loks der Serie Ae 6/6 für den Gotthard.

1961
RAe TEE II (Gottardo), Viertromsystem-Triebzug, geht in Betrieb. Als TEE-Zug ist er bis 1988 im Einsatz, danach als EC.

1964
Von 1964 bis 1984 beschaffen die SBB 276 Exemplare der Serie Re 4/4 II.

2. April 1965
Mit dem Seedamm von Melide ist nun die ganze Gotthardbahn doppelspurig.

1973 bis 1976
Für den Einsatz vor schweren Gotthard-Zügen wird die Re 6/6 mit drei zweiachsigen Drehgestellen (Bo'Bo'Bo') gebaut.

1991
Modernisierung des Bahnhofs Erstfeld. Einführung des Gleiswechselbetriebs.

1991 bis 1996
Die SBB beschaffen insgesamt 119 Exemplare der Serie 460, auch „Lok 2000" genannt. Sie avancierte zur wichtigsten Loktype (6100 kW, 200 km/h) des Schweizer Bahnbetriebs. 2013 fiel der Beschluss, die Maschinen im Werk Yverdon-les-Bains zu modernisieren.

1996
Die SBB bestellen die erste Serie der siebenteiligen Neigezüge RABDe 500, deren Fertigung Ende der 1990er Jahre beginnt.

29. November 1998
Finanzierungsvorlage zum Bau der Neuen Eisenbahn-Alpen-Transversalen (NEAT) vom Schweizer Stimmvolk angenommen. Der Bau des Gotthard-Basistunnels kann beginnen.

2000
Divisionalisierung der SBB, Loks werden verschiedenen Bereichen zugeordnet.

15. Oktober 2010
Hauptdurchschlag in der Oströhre des Gotthard-Basistunnels.

2012
SBB bestellen acht neue Neigezüge der Serie ETR 610 (RABe 503 bis 018).

8. Oktober 2014
Bundesrat stimmt Vereinbarung mit den SBB zu: Auf der Achse Basel – Gotthard – Italien soll Vier-Meter-Korridor realisiert werden.

31. Oktober 2014
„Goldene Schwelle" im Gotthard-Basistunnel verlegt (Gleisverlegung abgeschlossen).

2. Juni 2016
Eröffnungsfeier für den Gotthard-Basistunnel geplant.

Stichwörter

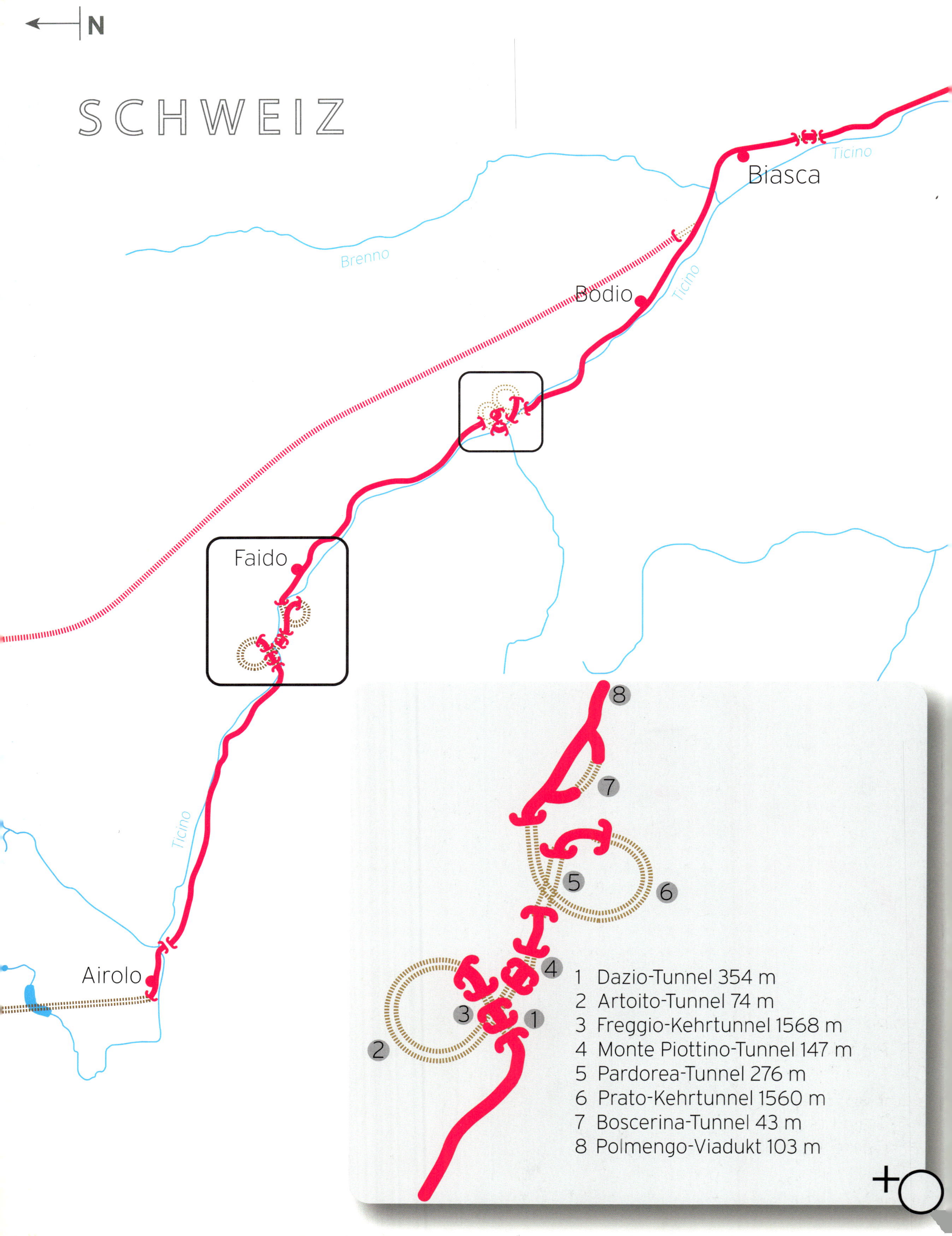

N
SCHWEIZ
Biasca
Ticino
Brenno
Bodio
Ticino
Faido
Ticino
Airolo
8
7
5
6
4
3
1
2
1 Dazio-Tunnel 354 m
2 Artoito-Tunnel 74 m
3 Freggio-Kehrtunnel 1568 m
4 Monte Piottino-Tunnel 147 m
5 Pardorea-Tunnel 276 m
6 Prato-Kehrtunnel 1560 m
7 Boscerina-Tunnel 43 m
8 Polmengo-Viadukt 103 m